지구, 2084

지구, 2084

NORAS WELT

요슈타인 가아더 지음 · 박종대 옮김

라임

과학적 상상력과 문학적 상징의
절묘한 만남

.

요슈타인 가아더의 《지구, 2084》는 기후 변화로 생물의 다양성이 고갈된 인류의 암울한 미래를 그린 과학 소설이다. 저자는 자신의 생각을 전달하기 위해 책 속에서 두 개의 상징을 끌어온다.

첫 번째 상징은 숫자다. 제목에서 드러나는 숫자 '2084'가 조지 오웰의 소설 《1984》에서 따온 것임은 누구나 쉽게 알아차릴 수 있다. 오웰은 인간에게 찾아올 디스토피아의 시기를 1984년으로 잡았지만, 가아더는 우리에게 100년의 시간을 더 할애한다.

100년 뒤의 미래를 미리 경험한 주인공 노라는 책 속에서 우리를 재촉한다. '어두운 미래를 그냥 받아들이든지, 아니면 지금 바로 바꾸려고 시도하든지 어서 결정하라.'고.

두 번째 상징은 주인공이다. '노라'는 입센의 희곡 《인형의 집》에 등장하는 주인공의 이름과 같다. 입센의 노라는 19세기에 과감히 결혼이라는 굴레를 벗어던지고 자유와 평등을 찾아가는 인물이다. 가아더의 노라 역시 지구 온난화로 인한 기후 변화를 고민하다가 적극적으로 행동에 나서는 21세기 청소년으로 그려진다.

이처럼《지구, 2084》에는 과학적 상상력과 문학적 상징이 촘촘하게 얽혀 있어서, 책을 읽는 재미를 넘어 생각의 깊이까지 더하게 한다.

나는 내 주변 사람들이 과학 관련 소설을 추천해 달라고 할 때면 입버릇처럼 하는 이야기가 있다.

"나는 문학과 과학이 하나의 문화적 담론으로 거듭나길 학수고대하는 사람 중의 하나입니다. 물론 그런 노력을 한 작가들은 무수히 많지요. 하지만 〈황무지〉를 쓴 T. S. 엘리엇과《멋진 신세계》의 작가 T. 헉슬리를 제외하면 나를 진정으로 감동시킨 이는 별로 없습니다."

그렇지만 요슈타인 가아더의《지구, 2084》를 읽고 난 후부터 한 가지 의견을 여기에 덧붙인다.

"나는 앞으로 요슈타인 가아더를 주목하기로 했습니다. 그는 과학을 소설로 쓸 수 있는 몇 안 되는 작가 중 하나일지도 모른다는 생각이 들거든요."

미래의 지구에서 주인공으로 살아갈 청소년들에게 이 책을 권한다.

최재천 (이화여대 에코과학부 석좌 교수·생명다양성재단 대표)

차례

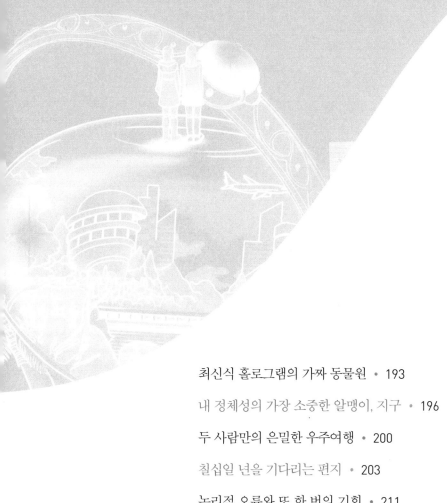

수상한 징조

노라가 기억하기로, 한 해의 마지막 날이 되면 마을 사람들은 항상 말이 끄는 썰매를 타고 가축을 놓아기르는 고원 지대의 오두막으로 올라갔다. 커다란 썰매를 끄는 말에게는 새해를 축하하는 의미로 털을 말쑥하게 빗은 뒤 예쁜 장신구를 달아 주었다. 썰매에는 어둠 속에서도 잘 보고 들을 수 있도록 횃불과 방울을 달았다.

썰매가 출발하기 전에 제설차가 먼저 눈을 치우거나 다져 놓았다. 그래야 말발굽이 눈 속에 빠지지 않으니까.

이렇듯 한 해 마지막 날 저녁에는 다들 산에 올랐다. 스키나 스노모빌이 아닌, 말이 끄는 썰매를 타고서. 크리스마스도 나름대로 매력이 있었지만, 산꼭대기에 있는 오두막을 향해 썰매를 타고 가는 마지막 날이야말로 겨울 동화라 부를 수 있는 유일한 순간이었다.

마지막 날에는 모든 것이 달랐다. 일 년 중에서 이날만큼은 아이건 어른이건 평상시와 달리 내키는 대로 행동했다. 그러다 헌 해가 새해로 바뀌는 자정이 되면, 모두들 지금까지 살았던 일 년과 앞으로 살게 될 일 년 사이의 보이지 않는 금을 넘어가며 이렇게 빌었다.

'헌 해야, 수고 많았어. 새해에는 행복하고 좋은 일만 가득하길!'

노라는 한 해의 마지막 날을 무척 좋아했다. 물론 한 해의 마지막 시간을 오두막에서 보내기 위해 설레는 마음으로 산에 올라가는 길이 더 좋은지, 아니면 담요로 꽁꽁 싸맨 채 엄마 아빠 품에 안겨 새해 첫날의 희망을 품고 산 아래로 내려가는 길이 더 좋은지 골라 보라고 하면 쉽게 선택하지 못할 테지만.

그런데 노라가 열 살이 되던 해 겨울에는 낮은 지대뿐 아니라 높은 산에도 눈이 내리지 않았다. 무서운 추위로 대지는 꽁꽁 얼어붙었지만, 이따금 진눈깨비만 조금씩 날릴 뿐 눈다운 눈은 구경조차 할 수 없었다. 심지어 아찔해 보이는 협곡조차 뻥 뚫린 하늘 아래 하얀 겨울 외투를 벗고 창피하게 맨살을 드러내 보이고 있었다.

어른들이 수군거렸다. 간혹 지구 온난화니 기후 변화니 하는 단어가 들렸다. 처음 듣는 단어들인데도 이상하게 노라의 가슴에 깊이 와 닿았다. '세상이 늘 지금과 같은 모습으로 있지는 않겠구나.'라는 생각을 떠올린 건 그때가 처음이었다.

그해 마지막 날에도 사람들은 새해를 맞이하고자 산으로 올라갔다. 눈이 내리지 않아서 썰매 대신 트랙터를 타야 했다.

올해는 아예 낮에 출발했다. 눈이 내리지 않은 고원 지대에서 맞이하는 밤은 코앞의 손조차 보이지 않을 정도로 깜깜했기 때문이다. 그래서 트랙터 뒤에 연결한 트레일러에다 횃불을 달았는데, 별반 도움도 되지 않으면서 어찌나 볼썽사납던지!

마을 사람들은 점심때부터 트랙터 다섯 대에 트레일러를 달고 자작나무 언덕을 넘어 산으로 올라갔다. 먹거리와 음료는 따로 챙겼다. 비록 눈은 내리지 않았지만, 새해를 다 함께 맞이하며 얼어붙은 방목지에서 몇 가지 놀이를 하는 것만으로도 산에 올라간 보람은 충분했다.

사실 그해에는 눈만 내리지 않은 게 아니었다. 크리스마스가 지나고 며칠 뒤, 농장 근처에서 야생 순록이 두 번이나 목격되었다. 어른들은 "산타클로스가 크리스마스이브에 선물을 나누어 주고는 순록 데려가는 걸 깜빡했구먼." 하고 농담을 했다.

하지만 노라의 생각은 좀 달랐다. 야생 순록들이 사람들 세상으로 내려온 데에는 무언가 섬뜩하고 위험한 사건이 도사리고 있을 것만 같았다. 그 전까지 야생 순록이 마을에 나타난 적은 한 번도 없었기 때문이다.

어느 농장의 주인이 불안에 떠는 야생 순록에게 먹이를 조금 주었는데, 다음 날 신문에 그 모습을 찍은 사진과 함께 '마을까지 내려온 야생 순록'이라는 제목의 기사가 크게 실렸다.

트랙터 행렬이 산으로 향했다. 맨 앞의 트레일러에는 노라와 아이들 몇 명이 타고 있었다. 높이 올라갈수록 얼어붙은 주변 풍경이 마치 차가운 유리처럼 느껴졌다. 혹한이 몰아치기 직전에 내린 비로 온 세상이 쨍하고 얼어붙은 게 틀림없었다.

누군가 길가에 쓰러진 동물 사체를 손으로 가리켰다. 곧 트랙터가 멈추었다. 꽁꽁 얼어붙은 순록이었다. 어른들이 작은 목소리로, 먹을 것이 없어서 굶어 죽은 게 틀림없다고 속삭였다.

노라는 처음에 그게 무슨 말인지 알아듣지 못했다. 그렇지만 얼마 뒤 고원 지대에 도착했을 때는 고개를 끄덕일 수밖에 없었다. 모든 게 꽁꽁 얼어붙어 있었다! 심지어 돌멩이 하나, 풀 한 포기마저도 혹한의 공격을 피하지 못했다.

트랙터는 산꼭대기에 있는 호수에서 다시 멈추어 섰다. 이번에는 시동까지 완전히 껐다. 호수에 얼음이 꽁꽁 얼어 있었던 것이다. 어른과 아이 할 것 없이 모두 트랙터에서 내려 호수 위를 즐겁게 뛰어다녔다. 유리처럼 투명한 얼음 밑으로 유유히 헤엄치는 연어가 보이자 다들 약속이라도 한 듯 환호성을 질렀다.

곧 어른들이 공과 하키 스틱, 눈썰매를 얼음 위로 옮겼다. 노라는 혼자 호숫가를 거닐며 진달랫과 식물인 에리카를 관찰했다. 얇은 얼음층에 둘러싸인 이끼와 블랙베리, 빨간 시로미도 살펴보았다. 무척 아름다웠다. 마치 동화에 나오는 환상의 세계가 눈앞에 펼쳐진 듯했다.

바로 그 순간, 죽은 쥐 한 마리가 눈에 띄었다. 조금 떨어진 곳에서 또 한 마리가 보였다. 난쟁이자작나무 밑에는 레밍이 죽은 채로 누워 있었다. 조금 전에 느꼈던 동화적인 분위기가 순식간에 사라져 버렸다.

노라는 이것이 무엇을 의미하는지 알 것 같았다. 쥐와 레밍은 관목과 수풀 사이의 푹신한 눈 밑에서 겨울을 나곤 했다. 그런데 그해엔 눈이 내리지 않는 바람에 쥐와 레밍이 추위를 피해 겨울을 날 공간이 사라져 버린 것이었다.

이제 노라는 야생 순록이 마을로 내려올 수밖에 없었던 이유를 분명히 알았다. 산타클로스 할아버지와는 전혀 상관이 없는 일이었다.

악순환의 고리

칠 년이 지난 어느 날, 노라는 집 안의 식탁 앞에 앉아 있었다. 오래된 목조 주택 바깥에는 이미 몇 시간 전에 어둠이 내려앉았다. 아빠는 집 안의 양초를 모조리 꺼내 창턱에 올려놓고 불을 켜 두었다. 그날은 12월 10일, 노라의 열일곱 번째 생일까지 아직 두 밤이 남아 있었다.

엄마 아빠는 거실 소파에 앉아 텔레비전을 보고 있었다. 태평양에 범선이 다니던 시절을 그린 영화였는데, 마치 어른을 위한 동화처럼 아름답게 느껴졌다.

아니, 영화가 아니라 18세기의 전설적인 선장 이야기를 다룬 다큐멘터리이던가? 노라로서는 감을 잡을 수가 없었다. 식탁에 앉아 다른 일을 하면서 틈틈이 고개를 돌려 텔레비전을 봤기 때문이다.

노라는 가위로 신문 기사를 오리고 있었다. 그래서 식탁에는 신문이 잔뜩 쌓여 있었다.

노라는 올해 고등학교에 입학했다. 우연히 같은 학년인 요나스와 친해지면서 학교생활에 비교적 쉽게 적응을 했다. 둘은 얼마간 사귀는 사이처럼 꼭 붙어 다녔다. 처음엔 순전히 장난으로 그랬지만, 언제인가부터 단순히 장난만은 아니라는 사실을 둘 다 알아차렸다.

노라는 오려 놓은 신문 기사 앞에 커다란 찻잔을 내려놓다가 요나스를 떠올리며 싱긋 웃었다. 인생이라는 게 얼마나 변화무쌍한지, 참 신기하다는 생각이 들었다.

참, 오늘 노라는 수니바 이모의 오래된 반지를 물려받았다. 열일곱 번째 생일에 이모의 반지를 물려받을 거라는 사실은 이미 옛날부터 알고 있었다. 아, 생일이 이틀이나 남았는데 왜 벌써 반지를 받았냐고? 엄마가 내일 아침 일찍 업무 관련 회의를 하러 오슬로에 가야 하기 때문이다.

노라는 가족과 함께 멋진 식사를 한 뒤, 후식으로 팬케이크를 먹었다. 후식까지 다 먹고 나자 부모님이 낡은 보석함에서 루비 반지를 꺼내 노라에게 주었다. 노라는 반지를 손가락에 얼른 끼웠다.

신문 기사를 오리는 동안에도 이 귀한 반지가 자신의 손가락에 끼워져 있는 게 신기해서 연방 내려다보았다. 사실 백 년도 더 된 반지였다. 아니, 그보다 훨씬 더 오래되었을 거라고 생각하는 사람도 있었다. 어쨌든 가보처럼 내려온 루비 반지는 신비한 안개처럼 흥미진진한 이야기들로 둘러싸여 있었다.

선물은 반지뿐만이 아니었다. 노라는 생일 선물로 예전부터 그렇게 갖고 싶어 하던 새 스마트폰을 받았다. 화면에 손끝을 살짝 대기만 해도 인터넷으로 곧장 연결되는, 정말이지 환상적인 물건이었다. 하지만 노라는 아무리 멋진 최신식 기계라고 해도 이 신비한 반지에 비할 바는 아니라는 생각이 들었다.

노라에게는 참 이상야릇한 가을이었다. 10월 중순에 오슬로로 떠난 여행 때문에 더욱 그런 듯했다. 실은 단순히 관광을 위한 여행은 아니었다. 지난봄부터 주변 사람들이 노라에 대해 걱정을 많이 하기 시작했다. 그래서 준비된 특별한 여행이었다.

노라는 상상력이 매우 풍부한 아이였다. 어릴 때부터 즉석에서 긴 이야기를 지어내 막힘없이 술술 풀어내곤 했다. 어른들은 종종 노라의 재주에 입을 다물지 못했다.

그런데 올봄, 노라의 머릿속에 마치 실제로 일어난 일처럼 생생하게 느껴지는 이야기가 자꾸만 떠올랐다. 한마디로, 다른 세계에서 수신한 것 같은 느낌이었다. 다른 세계가 아니라면, 다른 시간대에서 일어난 일이거나.

이 사실을 알게 된 부모님은 노라에게 심리 상담사를 만나 보자고 했다. 노라는 기꺼이 그 제안을 받아들였다. 상담은 가을 내내 몇 차례에 걸쳐 진행되었다. 심리 상담사는 노라를 오슬로에 있는 대학 병원의 신경 정신과 의사에게 보내고 싶어 했다. 노라는 굳이 반대하지 않았다. 부끄러운 일이 아니라는 생각이 들어서였다. 오히려 신경 정신과 의사한테 진찰을 받는다는 사실에 으쓱한 느낌마저 들었다.

다만, 엄마 아빠가 따라오지 말아야 한다는 조건을 내걸었다. 그러자 요나스가 함께 가겠다고 나섰다. 엄마 아빠도 둘 중 한 명은 반드시 따라가야 한다는 주장을 굽히지 않았다. 결국 노라는 요나스와 함께 가고, 엄마는 같은 기차의 다른 칸에 타고 가는 걸로 타협했다.

셋이 오슬로의 대학 병원에 도착했을 때는 이른 오후였다. 신경 정신과에 예약이 되어 있는 노라만 상담실에 들어갈 수 있었다. 엄마 얼굴에는 실망하는 빛이 역력했다. 딸을 진찰하는 자리에 엄마가 함께 할 수 없다니! 그러나 병원 측에서 원칙을 고수하는 바람에 요나스와 함께 대기실에서 기다려야 했다.

벤야민 박사는 오십 대쯤으로 보였는데, 희끗희끗한 머리칼을 말

꼬리처럼 뒤로 묶고 있었다. 노라는 벤야민 박사가 첫눈에 마음에 들었다. 귀에는 푸른색 별 모양 귀걸이가 달랑거렸고, 검정색 재킷의 가슴께에 달린 주머니에는 빨간색 사인펜이 고개를 빠끔 내밀고 있었다. 눈에는 장난기가 가득했으며, 관심이 가득한 눈빛으로 노라를 바라보았다.

진료실 문이 닫히자마자 벤야민 박사는 기분 좋게 인사말을 건넸다. 행운이 따랐는지, 노라 다음에 잡혀 있던 예약이 취소되었단다. 덕분에 노라에게 더 많은 시간이 할애되었다.

온통 하얀 색깔로 칠한 방 안으로 햇빛이 쏟아져 들어왔다. 창문 너머로 울긋불긋하게 물든 나뭇잎이 보였다. 노라는 벤야민 박사와 대화를 나누다가, 우연히 나뭇가지에서 이리저리 뛰어다니는 다람쥐를 발견했다.

"스키우루스 불가리스."

벤야민 박사가 고개를 갸웃거리자 노라가 말을 이었다.

"회갈색 다람쥐의 학명이에요. 요즘 영국에서는 예전처럼 자주 보기 힘들지요. 미국에서 들어온 회색 다람쥐한테 죄다 쫓겨났거든요."

벤야민 박사는 눈을 동그랗게 뜨고 노라를 건너다보았다. 노라에게 깊은 인상을 받은 눈치였다. 벤야민 박사가 다람쥐 쪽으로 몸을 돌리자 책상에 놓인 빨간색 액자가 눈에 띄었다. 그 액자에는 아름다운 여자 사진이 끼워져 있었다. 딸일까? 아내일까? 노라가 물어보려는 찰나, 벤야민 박사가 몸을 다시 돌리는 바람에 액자가 가려져서 질문할 타이밍을 놓치고 말았다.

노라는 이 병원에 오기 전에 의사들이 사람의 정신세계를 어떤 방법으로 살펴보는지 무척 궁금했다. 혹시 특수 광학 기구로 눈을 들여다보지 않을까? 눈은 마음의 창이라고도 하니까. 눈으로 누군가의 뇌를 검사하는 방법이 따로 있을지도. 아니면 코나 입을 통해서 정신세계를 조사하려나?

사실 가장 두려운 건 의사가 노라의 마음속 비밀을 알아보려고 최면을 거는 일이었다. 노라는 속으로 제발 그런 일만은 없게 해 달라고 빌었다. 스스로 자신을 통제할 수 없는 상태에서, 마음속에 있는 비밀을 낯선 사람에게 죄다 털어놓는 상황은 생각만 해도 끔찍했다. 그럴 바에는 차라리 최신 의료 기구로 자신의 몸속을 샅샅이 들여다보는 편이 낫겠다는 생각이 들었다.

그런데 두 사람은 대화만 나누었다. 정말로 그냥 대화만! 벤야민 박사는 노라에게 갖가지 흥미로운 질문을 던졌다. 어느 순간 어떤 이야기든 쉽게 꺼낼 수 있을 정도로 마음이 편안해졌다.

노라도 용기를 내어 벤야민 박사에게 질문을 던졌다. 예를 들면 이런 식이었다. "박사님은 문득 이상한 생각이 떠오르면, 그걸 가족이나 친구들에게 말하나요?", "이따금 자기가 아닌 다른 누군가가 된 듯한 꿈을 꾼 적이 있나요?", "꿈이 실제처럼 느껴질 때는 없나요?" 등등.

벤야민 박사는 노라의 얘기를 모두 듣고 난 다음 이렇게 정리했다.

"음……, 노라. 내가 보기에 너의 정신세계는 아무 문제가 없어. 다만, 상상력이 유난히 강한 것 같구나. 네가 경험하지 않은 일을 마치 직접 겪은 것처럼 생생하게 떠올리는 특별한 능력이 있는 듯해. 그 때문에 힘들거나 귀찮을 수는 있겠지만, 그걸 병이라 할 수는 없단다."

노라도 자신이 병에 걸렸다고 생각한 적은 없었다. 특히나 정신 질환은 절대로 앓고 있지 않다고 확신하고 있었다. 하지만 조금 더 분명하게 하기 위해서, 벤야민 박사에게 상상 속의 환상이 현실처럼 느껴질 때가 더러 있다고 강조해서 말했다. 머릿속에 떠오른 상상이 마치 외부에서 온 메시지를 수신하는 것 같은 느낌이 든다고도 설명했다.

벤야민 박사는 생각에 잠긴 표정으로 고개를 끄덕였다.

"그런 느낌이나 예감은 인간이기에 가능한 거야. 우리 본성 깊은 곳에 그런 게 있거든. 시대를 막론하고 우리 인간은 초자연적인 힘과 만나는 체험을 해 왔지. 그 대상은 신이 될 수도 있고, 천사나 조상이 될 수도 있단다. 어떤 사람은 그런 존재를 눈으로 똑똑히 보았다고 믿기도 해. 심지어 실제로 만났다고 주장하기도 하지. 일종의 '믿음'인 셈이야. 믿음이나 상상력은 사람에 따라 차이가 많으니까, 유난히 발달한 사람이 있을 수도 있어. 체스 실력이나 암산 능력이 남달리 뛰어난 사람이 있듯이 말이야. 노라, 너는 상상력이 뛰어난 아이 같구나."

노라는 다시 창문 너머로 눈을 돌렸다. 울긋불긋한 나뭇잎 사이로 햇빛이 한가롭게 노닐고 있었다.

"예를 들어, 네가 만일 너희 집 정원에서 웽웽거리며 돌아다니는 벌을 보고 CIA의 조종을 받고 침투해서 너를 염탐하는 임무를 띤 스파이라고 생각한다면, 그건 심각한 정신 질환의 징후라고 볼 수……."

"우리 집에 정원이 있는 건 어떻게 아셨어요?"

노라가 벤야민 박사의 말을 끊으며 물었다.

"네가 심리 상담사한테 그랬다면서? 너희 집 정원에 야생 순록이 없었으면 좋겠다고……."

노라가 피식 웃었다.

"야생 순록 이야기는 심리 상담사 선생님이 제 말을 잘못 이해하신 거예요. 하지만 우리 집에 정원이 있는 건 맞아요. 저는 정원을 아주 좋아하고요. 벌 이야기는……."

"응, 계속해 보렴."

"벌은 우리처럼 자연의 일부예요. 벌은 당연히 CIA가 아니라 유전자에 의해 조종되죠. 벌은 일종의 경보기거든요. 우리의 어머니와도 같은 지구가 지금 어떤 상태인지 알려 주는 중요하디 중요한 경보기라고요. 전 그렇게 믿어요."

"내 생각도 그래."

벤야민 박사가 고개를 끄덕였다.

"과학적인 측면에서 네 이야기는 결코 터무니없는 소리가 아니야. 우리가 전문 용어로 '망상'이라 부르는 경우에도 해당되지 않고!"

벤야민 박사는 대화를 나누는 도중에 틈틈이 컴퓨터 화면으로 시선을 옮겼다. 어느 순간, 노라는 벤야민 박사가 보고 있는 것이 심리 상담사가 쓴 보고서일 거라는 생각이 들었다.

벤야민 박사가 물었다.

"노라, 혹시 두려움을 느낄 때가 있니?"

노라는 한 치의 망설임도 없이 대답했다.

"네, 지구 온난화를 생각하면요."

벤야민 박사는 순간적으로 움찔했다. 여태껏 수많은 환자를 만나 보았지만, 노라의 대답은 전혀 예기치 못한 것이었기 때문이다.

"그게 왜?"

"우리 인간이 일으키고 있는 기후 변화에 공포감이 느껴지거든요. 지금 당장 살아가는 데만 급급할 뿐, 후손은 전혀 배려하지 않잖아요. 갈수록 나빠지는 기후와 환경 때문에 자꾸만 앞날이 걱정되고 두려워져요."

벤야민 박사는 잠시 생각에 잠기더니 천천히 대답했다.

"그래, 충분히 그럴 수 있어. 하지만 나로서는 어찌해 볼 도리가 없는 일이구나. 이 문제는 다른 두려움, 예를 들어 거미를 무서워하는 것과는 좀 달라. 의사들은 이런 두려움을 '공포증'이라고 부르는데, 공포증은 환자가 무서워하는 대상과 단계적으로 친하게 만드는 방법으로 치료를 하지. 그렇지만 지구 온난화에 대한 공포는 우리가 치료할 수 있는 문제가 아닌 것 같구나."

노라는 벤야민 박사를 빤히 바라보다가 별 모양 귀걸이로 시선을 옮겼다.

"혹시 지난 몇십 년 동안 인류가 이산화 탄소를 얼마나 많이 배출했는지 아세요?"

벤야민 박사는 마치 미리 준비라도 하고 있었다는 듯 거침없이 대답을 쏟아 냈다. 노라가 깜짝 놀랄 정도로.

"우리가 석유와 석탄, 가스를 연료로 사용하고, 숲의 나무들을 베어 내고, 농업이 본격적으로 시작되기 전보다 이산화 탄소 양이 40퍼센트 정도 많아졌어. 대기 중의 이산화 탄소 농도가 지금처럼 높아지기 시작한 게 아마 육십만 년 전부터였다지? 결국 지금의 문제는 다 우리 인간이 자초한 셈이지."

노라는 깊은 감명을 받았다. 지금껏 이 문제에 대해 이렇게 상세히 아는 사람은 한 번도 만나지 못했다. 정말로 중요한 문제인데도.

노라는 엄지손가락을 치켜세웠다.

"온실가스를 그렇게 많이 배출하면서도, 그것 때문에 지구의 기후와 환경이 어떻게 변할지 걱정하는 사람은 거의 없어요."

벤야민 박사는 몸을 앞으로 살짝 내민 채 잠시 동안 책상을 가만히 내려다보았다. 그러다 다시 고개를 들었는데, 약간 당혹스러워하는 눈치였다.

"내가 의사로서 할 일을 잠깐 잊어버리고 있었구나. 사실은 나도 이 문제를 심각하게 걱정하고 있어. 우리가 화석 연료를 너무 많이 사용하고 있는 건 분명하니까. 이것이 지구에서 살아가는 모든 생명체에게 얼마나 심각한 영향을 끼칠지 고민하는 것은 당연한 일이 아니겠니? 그렇게 보면 이 문제가 정신 질환과 관계가 있다고 볼 수도 있는데……."

벤야민 박사가 잠시 망설이자 노라가 얼른 재촉했다.

"계속하세요! 아주 재미있어요."

"나는 가끔씩 우리가 그런 중요한 진실을 의도적으로 외면하는 문화 속에 살고 있는 것 아닌가 하는 생각이 들어. 내 말이 무슨 뜻인지 알겠니?"

"알 것 같아요. 불편한 진실은 되도록 잊거나 생각하지 않으려 한다는 뜻이죠?"

"맞아, 그런 뜻이야."

문득 노라의 머릿속에 한 가지 생각이 번쩍 떠올랐다. 그 생각이 왜 떠올랐는지는 알 수 없었지만, 햇빛 찬란한 하늘에서 갑자기 번개가 치듯, 다른 세계에서 빛의 속도로 자신에게 전해진 듯한 느낌이었다. 노라는 자기도 모르게 질문을 던지고는 화들짝 놀랐다.

"만일 제게 아랍인에 대한 공포가 있다면 어떻게 하실 거예요?"

벤야민 박사가 웃음을 터뜨렸다.

"아마도 이렇게 제안할 거야. 가끔씩 아랍인을 만나 보라고."

"괜찮은 방법 같네요."

"아까도 말했듯이, 지구 온난화에 대한 공포는 신경 정신과 의사들이 치료할 수 없어. 그런 공포는 있는 게 문제가 아니라, 오히려 없는게 문제일 수도 있으니까. 그런 공포가 없는 사람에겐 공포를 불어넣는 것이 올바른 치료법일지도 모르지. 다른 공포증과 달리, 지구 온난화의 위협에 너무 무덤덤해지면 안 되거든. 그런 위협은 가능한 한 빨리 없애야 하는데……."

벤야민 박사는 마치 어른과 대화하듯 말했는데, 노라는 무엇보다이 점이 무척 마음에 들었다. 하지만 벤야민 박사가 노라에게 환경 단체 회원이냐고 물었을 때는 조금 어이가 없었다. 신경 정신과 의사의 진료실에서 나올 법한 이야기는 아니었으니까.

어쨌든 기후 변화에 대한 이야기를 먼저 꺼낸 건 노라였다. 그와 관련된 물음에는 답변을 하는 게 예의란 생각이 들었다. 노라는 자기 동네에는 그런 단체가 없다고 대답했다. 그리고 자기 동네 사람들은 학교와 직장, 자동차, 오토바이 외에는 관심이 없을뿐더러, 주말이면 끼리끼리 모여서 수다를 떨거나 술을 퍼마신다고 덧붙였다.

"밖에 있는 학생은 오빠니?"

벤야민 박사가 물었다.

"아뇨, 요나스예요. 그냥 친구예요."

노라가 씩 웃었다. 자신이 말해 놓고도 '그냥 친구'라는 말이 퍽 매력적으로 들렸다.

벤야민 박사도 함께 웃었다.

"요나스도 환경 문제에 관심이 많니?"

"저하고 같은 학년인데, 물리학과 화학, 생명과학을 선택해서 듣고 있어요. 그런 과목을 공부하다 보면 당연히 뭔가 배우는 게 있지 않을까요?"

"그렇겠지."

"게다가 환경은 견해 차이의 문제가 아니에요. 기후 변화가 중요하다는 건 누구나 알 수 있으니까요. 눈 감고 귀 닫고 사는 바보가 아니라면요."

"그래, 네 말이 맞다. 하지만 안타깝게도 이산화 탄소의 균형이 우리 삶에 얼마나 큰 영향을 끼치는지 제대로 아는 사람은 몇 안 될 거다."

노라는 벤야민 박사가 점점 마음에 들었다. 노라가 이 문제에 대해 잘 알고 있는 건, 얼마 전에 지구 온난화를 주제로 보고서를 썼기 때문이다. 그 무렵에 이산화 탄소의 균형 문제에 대해서 요나스와 대화를 나누기도 했다.

"박사님도 이산화 탄소의 균형을 아세요? 혹시 아시면 쉽게 설명 좀 해 주세요."

노라는 노골적으로 부탁을 했다.

벤야민 박사는 컴퓨터를 끈 다음, 책상 위의 서류를 정리하면서 설명하기 시작했다.

먼저 유기체 안에서 이루어지는 이산화 탄소의 순환 과정부터 설명했다. 식물은 광합성으로 공기 중의 이산화 탄소를 흡수해 몸속, 그러니까 살아 있는 유기체 속에 가두어 둔다. 반면에 동물은 호흡과 소화를 통해 이산화 탄소를 공기 중으로 배출한다.

그다음에는 화산 분출이나 바람 등 기후 변화로 배출되는 이산화 탄소의 양과, 땅속이나 바닷속에 저장된 이산화 탄소의 양 사이의 신비한 균형에 대해 이야기했다.

이산화 탄소가 배출되고 또 저장되는 양은 수십만 년 넘게 일정한 수준을 유지해 왔다. 사실 인간이 갓 등장했을 때만 해도 이산화 탄소의 순환에 별 영향을 끼치지 않았기에 이렇다 할 변화가 없었다.

"그런데 그 순환 과정에서 벗어난 것이 느닷없이 나타났어. 석유와 석탄, 천연가스 속에 수백만 년 동안 저장되어 있던 이산화 탄소가 말이지. 인간에 의해 그 이산화 탄소가 대량으로 배출되면서 아주 정밀하게 유지되어 오던 자연의 균형이……"

"깨졌다는 거죠?"

노라가 벤야민 박사의 말을 가로챘다.

"인간이 석유와 석탄, 천연가스를 연료로 사용하면서 이산화 탄소가 마구 배출되는 바람에 자연의 균형이 흐트러졌다는 말씀이잖아요?"

"그래, 맞다. 비록 자연의 순환 과정에서 배출되는 양에 비하면 극히 적다고는 하지만, 어찌 되었든 인간이 추가로 대책 없이 배출한 탓에 자연이 저장할 수 있는 선을 넘어선 셈이지."

"그래서 대기권에 두껍게 쌓이는 거죠."

"기본적으로 인간의 몸과 비슷하다고 생각하면 돼. 날마다 몸이 필요로 하는 양보다 몇 칼로리씩 더 섭취하게 되면 갈수록 살이 찌게 되지. 대기권도 마찬가지야. 갈수록 이산화 탄소 살이 찌는 거야."

"그러면서 지구의 온도가 점점 더 올라가죠. 이산화 탄소가 대기권에 쌓일수록 지구는 더 따뜻해지니까요. 온도가 올라가서 얼음과 빙하가 녹으면 상황이 훨씬 더 나빠져요. 얼음과 눈은 바다나 산보다 햇빛과 열기를 훨씬 더 많이 반사하는데, 얼음과 눈이 없어진다면 지구의 온도가 더 빨리 올라가게 될 테니까요."

"그런 걸 악순환이라고 하지."

"언젠가는 툰드라 지대까지 사라지고 말 거예요. 그러면 얼어붙은 땅 밑에 갇혀 있던 이산화 탄소까지 대기권으로 배출되겠죠. 이산화 탄소보다 몇 배는 더 위험한 메탄가스까지 말이에요. 그러면 땅은 점점 더 더워지고, 공기 중에 더운 수증기가 늘어나면서 지구의 온도가 더 올라가겠죠. 그다음 차례는 어디일까요? 그린란드? 글쎄요, 그린란드의 얼음까지 녹으면 남극 대륙의 얼음이 녹는 것도 시간문제일 텐데……."

벤야민 박사가 손을 들었다. 노라는 벤야민 박사가 자신의 말을 중단시키려고 한다는 걸 알았지만 일부러 아랑곳하지 않았다. 이렇게 말이 잘 통하는 사람과 이야기할 수 있는 기회는 흔치 않으니까.

"온실 효과를 통제하지 못하면, 지구의 평균 기온이 6~7도가량 올라갈지도 몰라요. 그렇게 되면 지구상의 얼음이 모두 사라지고 말겠죠. 해수면이 얼마나 더 올라갈지 아무도 몰라요. 그런 일이 실제로 닥치면 어떻게 될까요? 노아의 방주가 다시 필요하지는 않을까요?"

벤야민 박사는 자리에서 일어나더니, 노라를 문 쪽으로 데리고 갔다. 그리고 문을 열기 전에 이렇게 말했다.

"요나스와 함께 환경 단체를 만들어 보는 건 어떻겠니? 너희가 사는 동네에 '환경의 친구들' 같은 이름의 환경 단체를 만드는 거지. 네가 기후 변화에 대한 공포와 맞서 싸울 수 있는 최선의 방법이 아닐까 싶구나. 진짜 병은 아니지만 오랫동안 지속되면 건강에 좋지 않을 테니까. 의사 입장으로 돌아가서 충고하자면, 어떤 공포는 오래 쌓이면 병을 일으킬 수도 있어. 그러니 노라, 네 안의 공포를 밖으로 꺼내 놓고 좋은 쪽으로 이용해 봐!"

벤야민 박사는 주머니를 뒤적이더니 노라에게 명함을 건넸다.

"더 할 얘기가 있으면 전화를 하거나 이메일을 보내. 난 혼자 사니까 언제든 연락해도 돼."

노라와 함께 대기실로 나온 벤야민 박사는 노라 엄마와 요나스에게 손을 내밀었다.

"노라를 잠시 빌려 주셔서 감사합니다. 솔직히 말씀드리면 이렇게 개성이 강한 아이와 함께 지내는 두 분이 부럽습니다."

노라 엄마는 어리둥절해하며 살짝 무릎 인사를 했다.

노라 엄마는 기차를 타고 먼저 떠났다. 노라와 요나스는 오슬로 시내를 구경한 뒤 막차를 타고 돌아가기로 했다. 둘은 프로그네르 공원과 번화가인 아케르 브뤼게를 쏘다니다가 환경 단체가 많이 입주해 있는 환경 센터 건물에 들렀다.

집으로 돌아가는 기차 안에서 노라는 요나스에게 환경 단체를 만들자고 제안했다. 요나스는 두 손을 들고 환영하며 큰 관심을 드러냈다.

요나스는 일단 회원 모으는 일을 맡기로 했다. 요나스는 학교에서 여학생들한테 인기가 아주 많았다. 여학생 몇 명 모으는 건 손바닥 뒤집기보다 쉬울 거라는 노라의 장난기 섞인 말에 요나스는 한바탕 웃음을 터뜨렸다.

"그러다 여학생들만 있는 단체가 되는 거 아냐?"

"그런 걱정은 하지 않아도 돼. 네가 예쁜 여학생들을 꾀어 오면 남학생들이 자동으로 따라오게 되어 있으니까."

노라는 환경 문제에 관한 기사들을 찾는 일을 맡기로 했다. 그래서 오슬로에 다녀온 지 몇 주가 지난 오늘, 이렇게 신문을 잔뜩 쌓아 놓고 관련 기사들을 샅샅이 뒤지고 있는 중이었다.

얼마 전에 열린 국제 환경 회의가 별 성과 없이 끝나는 바람에, 환경에 관한 기사는 어디서나 넘쳐났다. 신문 말고도 유튜브와 팟캐스트에 올라온 갖가지 정보는 나중에 따로 시간을 내어 검색할 계획이었다.

노라는 신문 기사와 가위를 치우고 엄마 아빠 옆으로 가서 앉았다. 영화가 끝나고 뉴스가 이어졌다. 노벨 평화상 시상식이 코앞이라 이십 개국의 정부 수반이 오슬로에 머물고 있다는 소식이 전해졌다. 뒤이어 케냐와 소말리아 국경 지대에서 노르웨이 국적의 자원봉사자가 무장 단체에 인질로 붙잡혔다는 뉴스가 나왔다.

노라는 부모님께 잘 주무시라고 인사한 뒤, 신문 기사와 스마트폰을 챙겨 들었다. 그리고는 방으로 가기 전에 벽난로 옆의 책꽂이에서 책을 한 권 뽑아 들었다. 조지 오웰의 소설 《1984》였다. 잠들기 전에 한 꼭지 정도 읽어 볼 생각이었다.

내일은 일찍 일어나지 않아도 되었다. 학교에 가지 않는 날이었다. 아침에 일어나는 대로 요나스에게 전화를 하기로 약속했다.

길고도 특별한 하루였다. 수니바 이모의 오래된 반지를 물려받았고, 친구들이 부러워할 새 스마트폰을 선물받았으며, 하루 종일 부지런을 떤 끝에 기후와 환경 관련 기사를 모두 찾아 오려서 챙겨 두었다. 그리고 이제 이틀 밤만 지나면 열일곱 살이었다.

노라는 오늘 밤 무슨 꿈을 꾸게 될지 몹시 설레었다. 잠이 들면 마치 버튼을 누른 것처럼 곧장 다른 현실 속으로 옮겨 가곤 했기 때문이다.

멸종을 알리는 단말기

눈을 뜬다.

모든 것이 새롭고 달라 보인다.

내 이름은 '노바'다.

침대에 일어나 앉자 탁자에 놓인 작고 납작한 단말기에서 뿌연 불빛이 흘러나오는 게 보인다. 손을 뻗어 단말기를 잡는 순간, 불빛이 더욱 강해진다. 노바는 다시 침대에 드러누우며 단말기를 사용자 모드로 전환한다. 단말기 액정 화면에 날짜가 뜬다.

2084년 12월 12일 토요일

노바는 자신이 누워 있는 방 안을 둘러본다. 흐릿하다. 벽은 빨간색이다. 처마 쪽으로 급경사를 이루고 있는 망사르드 지붕 아래 길쭉한 창문으로 빗줄기가 후드득 내려친다.

단말기에서 '딸꾹' 하는 소리가 난다. 눈이 동그랗고 몸체가 자그마한 원숭이 한 마리가 화면에 나타난다. 또 한 종의 영장류가 지구상에서 영원히 사라진 모양이다. 비단원숭이 무리를 숲에서 찾아볼 수 없게 된 지는 벌써 오래되었다.

비단원숭이가 살던 남아메리카의 숲은 오래전에 불에 타 황폐해졌다. 동물원에 갇혀 있던 마지막 한 마리가 죽으면서 이제 사진과 기억으로만 남게 된 셈이다. 슬픈 일이다. 그리고 끔찍한 일이다.

다시 딸꾹 소리가 난다. 이번에는 이구아나다. 과거 아메리카 대륙에 살던 녀석도 이제 멸종 대열에 끼게 되었다.

노바는 흥분으로 뺨이 뜨거워지는 것을 느낀다. 그러나 곧 맥이 풀린다. 손에 들고 있던 단말기에서 다시 소리가 난다. 단말기 화면에 아프리카 영양의 모습이 뜬다. 여태 동물원에서 보호받으며 살아가던 아프리카 영양도 지금 이 순간부터 세계 자연 보전 연맹에 의해 멸종 동물로 선포되었다.

아프리카 열대 초원인 사바나에서 살던 영양과 누, 그리고 기린 떼는 이미 한 세대 전에 사라졌다. 초식 동물이 사라지면서 당연히 맹수의 수도 줄어들었다. 이제 살아남은 극소수의 맹수와 초식 동물은 동물원에서 목숨을 연명하고 있다. 그러나 이들이 멸종될 날도 머지않아 보인다.

노바가 단말기에 '사라진 종'이라는 애플리케이션을 깐 지는 오래되었다. '사라진 종'은 동식물의 멸종 상황을 시간마다 알려 주는 앱이다.

사실 이 앱을 지워 버리고 지구상에서 일어나는 모든 일에 대해 눈을 감고 살 수도 있지만 노바는 차마 그럴 수가 없다. 지구 생태계의 붕괴 과정을 두 눈 똑바로 뜨고 지켜보는 게 인간의 의무라고 생각하니까. 노바는 머리끝까지 화가 치밀어 오른다. 하지만 화를 낸다고 해서 해결될 일은 아니다.

많은 동식물이 멸종한 데는 몇 년 전부터 통제 불능 상태에 빠진 지구 온난화가 가장 큰 원인이다. 백 년 전만 해도 지구는 여전히 기가 막히게 아름다운 행성이었다. 그러다 21세기에 들어서면서 서서히 매력을 잃어 갔다.

이제 지구가 예전의 모습을 되찾는 건 불가능하다. 수년 전부터 이산화 탄소를 더 이상 대기권으로 배출하지 않고 있지만, 지금까지 배출한 막대한 양의 이산화 탄소를 다시 회수할 방법이 없다. 이제는 그 누구도 지구 온난화의 속도를 재촉하는 행동을 하지 않는다. 그러나 이미 인간이 불러일으킨 자연의 재앙은 착착 진행되는 중이다.

노바는 단말기 화면을 손끝으로 슬쩍 건드려 지구를 보여 주는 어스 캠(Earth Cam)을 작동시켰다. 침대 위 비스듬한 천장에 붙은 커다란 모니터가 환해졌다. 노바는 몸을 약간 일으켜 앉아 화면에 비친 지구의 모습으로 시선을 던졌다.

북극 날씨는 어떨까? 북극해의 모습이 보인다. 바다의 새파란 빛깔이 방 안을 가득 채운다. 북극에는 얼음이 전혀 남아 있지 않다. 바람도 거의 불지 않는 듯하다. 수면 위에 잔잔하게 일렁이는 파도만 없다면 움직이는 영상이 아니라 정지된 화면을 보고 있는 줄로 착각할 정도이다. 북극곰이 야생 상태에서 발견된 것도 벌써 수십 년 전이다. 지금은 겨우 몇 마리만 남아, 동물원에서 보호를 받으며 살고 있다.

태평양과 인도양의 상황은 어떨까? 예전의 산호섬들은 대부분 물 밑에 잠겼고, 나라 전체가 물바다로 변한 곳도 많다. 바다 위로 삐죽 튀어나온 쇠기둥만이 그곳이 예전에 육지였음을 알려 준다.

간혹가다 쇠기둥에 어느 국가였는지 알려 주는 표지판이 붙어 있는데, 몰디브, 키리바시, 투발루라는 이름이 적혀 있다. 수정처럼 맑은 물속 일이 미터 깊이에 상아색 건물들이 여기저기 눈에 띈다. 오래된 신전과 이슬람 사원, 교회들이다. 물에 가라앉은 문명이자 이국적인 과거의 낙원이다.

시베리아의 툰드라 지대는 어떨까? 그곳은 지금 부글부글 끓고 있다. 노바는 즐겨 찾는 지점으로 카메라를 돌린 뒤, 종이처럼 얇은 모니터를 뚫어져라 바라본다. 시베리아의 늪과 습지대에서 몰칵몰칵 솟구쳐 오르는 메탄가스가 보이는 듯하다. 얼어붙은 땅이 녹으면서 이 일대는 점점 따뜻해지고 있다.

노바는 단말기 화면을 다시 건드려 위성 촬영으로 합성한 지구의 모습을 찬찬히 살펴본다. 지구가 천천히 돌아가고 있다. 대륙의 크기가 이삼 년 전에 비해 조금 줄어들었으려나? 해안이 대륙 안쪽으로 좀 더 깊숙이 침투했을 테니까. 어쨌든 그린란드와 남극 대륙의 얼음 표면이 작년보다 줄어든 건 분명해 보인다.

그렇다면 노바의 고향은 어떤 상황일까? 노바는 국립 공원 중앙에 있는 카메라에 접속한다. 12월인데도 자작나무에는 아직 잎이 매달려 있다. 나무 위로는 갈매기와 까마귀가 날고 있다. 노바는 숲 바닥을 확대해 본다. 흰 자작나무 사이로 들쥐 한 마리가 빠끔 고개를 내민다. 그러자 곧 붉은여우가 나타나 들쥐를 잽싸게 낚아챈다.

아직 그나마 자연이라고 부를 수 있는 곳이 남아 있다. 물론 이전의 다양한 자연 환경에 비하면 빙산의 일각이자, 부자의 식탁에 떨어진 빵 부스러기 정도일 뿐이지만 말이다. 노바는 여기에 만족할 수 없다. 곳곳에 상처가 나고 손상이 되어서 구멍이 숭숭 뚫린 지구가 아닌, 온전한 지구에서 살고 싶은 희망을 버릴 수 없는 것이다.

노바는 21세기 초의 영상들을 보면서 나머지 시간을 보내기로 마음먹는다. 검색 엔진을 가동하는 데는 몇 초 걸리지 않는다. 검색 한계를 2013년 12월 12일로 설정한다. 그것은 곧, 이 날짜 이전의 웹사이트만 검색한다는 의미이다. 이제 노바는 2013년 12월 12일 이전에 지구의 야생 상태를 촬영한 영상과 사진들을 본다. 당시만 해도 전 세계가 얼마나 아름다웠던지!

사실, 검색 조건을 2013년 12월 12일로 설정한 것은 아무렇게나 정한 게 아니다. 생태계의 본격적인 붕괴가 그 무렵에 시작되었기 때문이다. 게다가 그날은 증조할머니의 열일곱 번째 생일이기도 하다.

노바는 다양한 동식물의 사진과 영상을 올려놓은 사이트를 검색한다. 맨 먼저 유인원을 선택한다. 쪼그만 침팬지가 인간과 비슷한 행동을 하는 걸 보니 웃음이 터져 나오려고 한다. 심지어 인간만큼 개성도 다양하다. 덤불 속에서 아이들처럼 뛰어놀고 있는 새끼 몇 마리가 보인다. 그리 오래전도 아닌 과거에, 인간과 이토록 비슷한 생명체가 지구에 살고 있었다니!

이번에는 고릴라가 나오는 동영상을 본다. 진화 과정에서 인간과 나머지 동물 사이의 연결 고리 역할을 해 주던 동물이다. 고릴라들은 슬퍼 보인다. 마치 자신들의 종말이 얼마 남지 않았음을 예감이라도 하는 듯하다. 실제로 그사이에 지구에서 사라진 고릴라는 이제 두 번 다시 찾아볼 수 없게 되었다.

노바는 보르네오섬과 수마트라섬에 사는 빨간털오랑우탄 동영상을 재생해 본다. 앗, 오랑우탄 어미가 막 새끼를 낳고 있다! 건강하고 튼튼한 새끼인 것 같다. 어쩌면 자유로운 자연에서 태어난 마지막 오랑우탄들 가운데 하나일지도 모른다.

증조할머니가 어릴 때는 이런 동영상들이 널려 있었다. 모두 그 당시에 만들어진 것들이다. 그러다 세월이 지나면서 동물들은 사라지고, 이제 인터넷에서만 찾아볼 수 있다. 우마(노바는 증조할머니를 애칭으로 부른다.)가 살던 시대에는 아프리카를 직접 여행하면서 자연 속에서 자유롭게 살아가는 유인원을 직접 본 사람도 꽤 많았다. 하지만 지금은 자유롭게 살아가는 침팬지나 고릴라를 볼 수가 없다.

노바는 편하게 자리를 잡은 다음, 자연 다큐멘터리 프로그램을 선택한다. 다큐멘터리의 종류는 수없이 많다. 노바는 영국 BBC 방송에서 방영된 다큐멘터리를 선택하고, 보는 내내 지구의 화려하고 멋진 모습에 입을 다물지 못한다.

거대한 산호초 주위에서 우글거리는 생명체들은 그야말로 표현할 수 없을 정도로 아름답다. 산호, 해파리, 게, 해초, 거북, 무지개 빛깔의 화려한 물고기들……. 마치 누군가 물고기 한 마리 한 마리의 몸에다 색을 칠한 듯하다. 노바는 잇따라 감탄사를 터뜨리면서도 내심 가슴이 아프다. 영원히 사라진 풍경이기 때문이다.

과정이야 어찌 되었든 사실은 사실이다. 산호초도, 그 주변의 화려한 열대어들도 이젠 찾아볼 수 없다. 다양한 물고기들이 살아가기엔 바다가 너무 시고 텁텁해졌기 때문이다. 백 년 넘게 수백억 톤의 이산화 탄소를 억지로 삼켜야 했으니 오죽할까! 마치 한구석에 쪼그리고 앉아, 이 정도면 충분히 먹었으니 제발 그만하라고 투정 부리는 어린 아이와 비슷해 보인다.

노바는 다시 화면으로 시선을 돌린다. 아마존의 거대한 밀림이 눈에 들어온다. 이곳은 요즘 세계 최대의 열대 초원으로 바뀌었다. 노바는 나비들이 날아오르는 장면을 본다. 날개에 그려진 섬세한 금실 은실 무늬가 소름이 돋을 정도로 아름답다. 그러나 이 무수한 종의 나비들도 정보 은행에 영상과 사진으로만 보관되어 있다.

노바는 오늘날만큼 자연에 관한 풍부한 영상과 다채로운 사진이 넘쳐나는 시대는 없었다는 생각이 든다. 다른 한편으로는 진짜로 살아 있는 종의 다양성 면에서 오늘날만큼 빈약했던 적도 없으리라.

노바는 신문과 웹사이트에 실렸던 글을 읽는다. 그 당시에 인터넷에 올렸던 파일은 글이건 그림이건 음악이건, 모두 검색 가능하다. 한 신문 기사에 이런 내용이 적혀 있다.

　……때문에 우리는 지금보다 못한 지구를 후손에게 물려주어서는 안 된다.

쳇, 말은 잘하네! 다른 기사에는 이런 내용도 있다.

　……벌써 눈앞에 절망으로 몸부림치는 우리 손자와 증손자들이 보이는 듯
하다. 그 아이들은 가스와 석유 같은 자원이 바닥난 것만 슬퍼하는 게 아니라,
생태계의 다양성이 고갈된 것에 대해서도 슬퍼하게 될 것이다.

　노바는 고개를 끄덕인다. 당시에도 이런 경고들이 없지는 않았구
나. 우마도 어릴 때 이런 문제에 대해 글을 썼을까? 인터넷에 접속하
면 원하는 건 무엇이든 찾을 수 있다. 우마가 열일곱 살 전에 쓴 글이
있다면 말이다. 노바는 검색창에 '노라 니루'라고 쓰고 검색기를 동시
에 여러 개 실행한다. 마침내 화면에 무언가가 뜬다. 편지다.

　사랑하는 노바에게.

　노바는 화들짝 놀란다. 나한테 보낸 편지라고? 노바는 계속 읽어

내려간다.

　네가 이 편지를 읽을 즈음에는 세상이 어떻게 변해 있을까? 너는 물론 잘 알고 있겠지. 기후의 재앙이…….

이게 어떻게 가능한 것일까? 편지는 2013년 12월 11일에 쓴 것으로 되어 있다. 그렇다면 우마의 열일곱 번째 생일 전날이자, 노바가 검색 조건으로 설정한 날짜보다 하루가 빠른 날이다. 노바가 태어나기 오십 년도 더 전에 어떻게 우마가 노바에게 편지를 쓸 수 있었을까?

　노바는 우선 검색 엔진을 점검해 본다. 아무 데도 이상이 없다. 단말기에도 2013년 12월 12일 이후의 정보를 내려받았다는 표시는 없다.

　우마는 반세기도 더 지난 미래에 '노바'라는 이름의 손녀가 있을 줄 어떻게 알았을까? 혹시 예언자였을까?

　노바는 침대에서 일어나 천장에 달린 모니터를 끄고 작은 단말기로 음성 파일을 재생한다. 21세기 초에 녹음된 음성 파일이다.

　남자 목소리가 들린다.

　"18세기 말, 땅속에 묻혀 있던 화석 연료는 마치 알라딘의 램프 속 요정처럼 인간을 유혹했다. 우리 귀에 대고 자기들을 꺼내 달라고 달콤하게 속삭였던 것이다. 우리는 결국 석유와 석탄의 유혹에 넘어갔고, 지금은 그 요정을 램프에 다시 집어넣으려고 안간힘을 쓰고 있다."

빗줄기가 창문을 때린다. 노바는 비스듬한 천장 아래에 앉아서 바깥을 내다본다. 흘러내리는 빗물 사이로 큰길이 흐릿하게 보인다. 거리에서 주유소가 없어진 지는 오래되었다. 콘크리트 잔해와 녹슨 철제 구조물만 남아 있다.

이제 거리에는 자동차가 거의 다니지 않는다. 쌍봉낙타와 단봉낙타를 끌고 가는 행렬만 연이어 보인다. 북아프리카와 서아시아 지역에는 아예 사람이 살지 않는다. 수많은 기후 난민들이 북쪽으로 북쪽으로 이동한 끝에 노르웨이 북서부에 정착해 있다.

노바는 쪼그리고 앉아 얼굴을 유리창에 갖다 댄다. 흘러내리는 빗물 아래쪽으로 사람 몇몇과 짐을 잔뜩 실은 단봉낙타 세 마리가 서 있다.

그리고 모닥불에서는 연기가 피어오르고 있는데…….

한밤중의 사이렌 소리

노라는 시끄러운 사이렌 소리 때문에 잠에서 깼다. 눈을 떠 보니 깜박거리는 소방차의 경광등 불빛이 방 안까지 번쩍거렸다. 지금은 잠에서 깨고 싶지 않았다. 아니, 깨서는 안 된다는 느낌이 들었다. 방금 꾼 꿈은 아주아주 중요하니까. 다시 꿈속으로 돌아가 뭔가를 정리해야만 할 것 같았다.

시끄러운 사이렌 소리에 잠이 깬 것은 이번이 처음이 아니었다. 몇 주 전, 요나스가 노라네 집의 '쿠션 방'에서 잠을 잔 적이 있었다. 쿠션 방은 방 안에 쌓아 둔 쿠션이 산더미 같다고 해서 붙인 이름인데, 쿠션의 덮개는 수니바 이모가 직접 수를 놓아 만들었다. 대부분 동화 속의 유명한 장면들을 묘사하고 있었기에, 쿠션에 파묻혀 있는 날이면 노라는 마치 자신이 동화 속 주인공이 된 듯한 기분이 들곤 했다.

어쨌든 요나스가 쿠션 방에서 자던 날이었다. 한밤중에 소방차 여러 대가 귀를 찢을 듯이 사이렌을 울려 대는 통에 둘은 거의 동시에 잠에서 깼다.

얼마 뒤, 소방차들이 노라네 집 앞 도로에 멈추어 섰다. 노라와 요나스는 약속이나 한 듯이 각자의 방에서 튀어나와 어둠에 싸인 거리로 뛰어나갔다. 잠시 뒤엔 노라의 부모님까지 따라나섰다.

점점 더 많은 자동차들이 사이렌을 울리며 속속 도착했다. 소방차뿐 아니라 경찰차와 구급차도 있었다. 노라와 요나스는 요란한 경광등 불빛 속에서 도로에 옆으로 누워 있는 탱크로리를 어렴풋이 보았다. 경찰은 주변 지역을 넓게 차단하고 사람들의 접근을 막았다. 그 탱크로리에는 엄청난 양의 벤진이 들어 있어서 폭발이나 화재의 위험이 무척 컸다. 소방대원들은 탱크로리에 서둘러 거품을 뿌렸고, 경찰관은 마치 화를 내는 듯이 버럭버럭 고함을 질러 댔다.

"어서 물러나요! 위험하다니까! 빨리 집으로 돌아가요!"

노라네 가족과 요나스는 어쩔 수 없이 집으로 걸음을 옮겼다. 처음에는 정원에 서서 소방대원들이 일하는 모습을 구경하다가, 나중에는 부엌에 앉아 라디오 뉴스에 귀를 기울였다. 엄마는 코코아를 끓였고, 아빠는 벽난로 앞에 앉아 파이프 담배를 피웠다.

바로 몇 주 전의 일이었다.

노라는 오늘 밤만큼은 사이렌 소리에 방해받고 싶지 않았다. 아무리 소방차가 미친 듯이 울부짖더라도 꿈쩍하지 않을 작정이었다. 다른 세계로 가서 할 일이 있었기 때문이다. 그래서 금세 다시 잠이 들어 꿈속으로 서서히 빠져 들어갔다.

마지막 기회

문밖에서 노크 소리가 나더니, 누군가 마치 허공을 걷듯 방 안으로 스르르 들어온다. 노바는 자리에서 벌떡 일어난다. 우마다. 우마는 편안해 보이는 잠옷을 입고 있다.

노바는 침대 가장자리에 걸터앉아 증조할머니의 모습을 물끄러미 바라본다. 예전과 달라진 건 딱히 없어 보이는데, 왠지 우마의 모습에서 비밀스러운 분위기가 풍기는 것 같다. 우마의 얼굴은 조그맣고 주름이 많다. 그러고 보니 오늘은 증조할머니 우마의 생신이다. 그것도 여든여덟 번째 생신!

우마는 어쩐지 평소와 좀 달라 보인다. 조금은 찡그린 모습이라고

나 할까? 노바는 차가운 전율이 등줄기를 타고 찌릿하게 흘러내리는 것을 느낀다. 우마는 넷째 손가락에 진홍빛 루비 반지를 끼고 있었는데, 노바는 우마에게서 뿜어 나오는 아우라가 어쩌면 이 반지와 관련이 있을 것 같다는 느낌을 받는다. 우마는 루비 반지를 주름진 손가락들 사이에서 갖고 놀 듯이 만지작거린다.

"이 반지 생각을 하고 있구나, 노바야. 내 말이 맞니?"

노바는 고개를 끄덕인다. 우마는 남의 생각을 읽을 수 있다. 최소한 노바의 생각만큼은 거의 정확하게.

우마는 책상 앞 나무 의자를 노바 맞은편에 갖다 놓고 앉는다.

"오늘은 새에 관한 이야기를 해 주마. 옛날에 산속에서 살았던 새들 말이다. 나는 지금도 검은가슴물떼새가 노래하는 소리가 가끔씩 들리는 것 같단다."

"그런 이야기라면 듣고 싶지 않아요."

노바가 톡 쏘아붙이듯 말한다.

"그 새들을 이 세상에 다시 돌려놓을 수 있는 방법에 대한 이야기가 아니라면요. 과거를 추억하는 얘기는 그게 무엇이든 듣기가 싫어요."

노바는 우마를 빤히 바라본다. 한없이 늙어 버린 증조할머니의 얼굴에 깊은 슬픔이 어려 있다. 아니, 후회일까? 그래, 어쩌면 후회일지도 모르겠다.

그러나 노바는 인정사정없이 다시 매섭게 몰아붙인다.

"새들 말고도 유인원과 사자, 호랑이도 다시 보고 싶어요. 사라진 동물들을 모두 돌려 달란 말이에요! 예전처럼 우리나라에 곰과 늑대가 살았으면 좋겠어요. 바다앵무새도 보고 싶고요. 마도요새도 빠뜨려선 안 돼요. 알프스오미자, 물칭개나물, 미나리아재비, 북극버들 같은 식물도 꼭 돌려 놓았으면 좋겠어요. 할머니도 아시죠? 북극버들은 다 자라도 키가 5센티미터밖에 안 된다는 거. 아니, 그 얘길 해 준 사람이 혹시 할머니 아니었어요?"

우마는 움찔한다.

"하지만 노바야⋯⋯."

"제가 원하는 게 뭔지 아세요? 더 말씀드려요? 더도 덜도 말고, 수백만 종의 동식물을 다시 자연에서 볼 수 있었으면 좋겠어요. 깨끗한 물도 마시고 싶고, 강에서 낚시도 하고 싶어요. 그리고 무엇보다도 하염없이 비만 내리는 이 지긋지긋한 날씨가 끝났으면 좋겠다고요."

"하지만⋯⋯."

"그러니까 제가 말씀드리고 싶은 건 할머니가 저만할 때 살았던 세상만큼 아름다운 세상에서 살고 싶다는 거예요. 왜인지 아세요? 지금의 세상이 이렇게 된 건 제 책임이 아니라 할머니 책임이니까요!"

"노바야!"

"저한테 옛날 세상을 돌려주세요. 국립 공원을 확보하는 야생 순록 떼를 돌려 달라고요. 지금 당장이요! 그러지 못할 거라면 이만 돌아가 주세요."

"그렇지만……."

"저는 인간을 비롯해서 지구상에서 날고 기어다니는 모든 동물에게 다시 한번 기회를 줬으면 좋겠어요. 그렇게 무리한 요구도 아니잖아요. 활쏘기 시합을 떠올려 보세요. 첫 발만 쏘고 끝나면 얼마나 허탈하겠어요? 제가 할머니께 예전 세상을 돌려 달라고 한 건 그런 뜻으로 말씀드린 거예요. 기가 막히게 좋은 아이디어 아니에요? 무언가 잘못을 저질렀을 때는 벌떡 일어나서 자기가 저지른 일을 처음으로 되돌리려고 노력해야 한다고 생각해요. 그러니까 저한테 착한 할머니가 되어 주세요. 멸종된 동식물을 돌려 달라고요. 예, 할머니? 그다음에 새들의 노랫소리에 대해 즐겁게 이야기해요."

노바가 잠시 증조할머니의 눈을 살펴본다. 우마의 눈꺼풀이 약간 실룩거린다. 불안하고 슬퍼 보인다. 그걸 보고 마음이 약해진 노바가 또다시 입을 연다.

"아, 제가 할머니께 무슨 쓸데없는 소리를 지껄인 걸까요? 다 바보 같은 소리예요. 어차피 되지도 않을 일인데. 안 그래요? 차라리 우리를 도와줄 요정을 찾는 게 빠르겠어요."

우마는 허리를 똑바로 세우더니 드디어 말문을 연다.

"그래, 노바야. 그렇지 않아도 비슷한 이야기를 해 주려고 했단다."

"그래요?"

우마는 진홍빛 루비 반지를 다시 만지작거리며 꿈을 꾸는 듯한 시선으로 증손녀를 바라본다.

"어쩌면 세상은 또 한 차례 기회를 얻을 수 있을지도 모르겠구나."

대체 우마는 무슨 말을 하는 걸까? 아무런 힘도 없는, 쪼글쪼글하게 늙어 버린 할머니가 말이다. 그런데 뭔가 비밀스러운 계략을 꾸미는 것 같은 우마의 말투에는 은근히 전염성이 있어서 노바도 금세 목소리를 낮춘다.

"무슨 뜻이에요? 기발한 방법이라도 있다는 거예요?"

힘차게 고개를 끄덕거리며 악동처럼 싱긋 웃는 우마의 눈에서 빛이 반짝거린다.

증손녀와 증조할머니도 친구가 될 수 있을까? 물론 안 될 이유는 없다. 가만히 생각해 보면 우마도 한때는 열일곱 살이었으니까. 문제는 두 사람이 무엇을 목표로 삼고 있느냐이다. 노바는 핏빛처럼 빨간 벽과 거기에 대비되는 파란색 잠옷을 입은 할머니를 차례로 바라본다.

"말씀해 주세요, 할머니! 초능력 같은 걸 말씀하시는 거예요?"

"그건 모르겠다만, 꽤 그럴싸한 방법일 수는 있겠지."

할머니는 천천히 고개를 끄덕인다. 노바는 침대에서 일어나 방 안을 서성거리며 깊은 생각에 잠긴다. 그러다가 길쭉한 창문 앞에 서서 아래쪽 거리를 내려다본다. 낙타를 데리고 있던 사람들의 무리가 아직도 거기에 있다.

얼마 뒤, 노바의 입에서 나직이 한숨이 새어 나온다.

"불가능해요, 할머니. 자연은 이미 손볼 수 없을 정도로 만신창이가 되어 버린걸요."

"정말로 그렇게 생각하니?"

우마는 다시금 은근한 미소를 띠며 루비 반지를 만지작거린다.

지구를 되살릴 수만 있다면, 더 많은 걸 기대해도 되지 않을까? 어차피 상상은 자유니까.

"수리부엉이도 다시 볼 수 있어요? 한 쌍만 있어도 괜찮아요. 수달도 있어야 할 테고, 푸른색 반점이 있는 나비도 보고 싶고……."

한번 생각하기 시작하자 노바는 멈출 수가 없다. 어지러울 정도로 많은 동식물이 머릿속에 떠오른다. 머리가 빙빙 돌 지경이지만 생각만으로도 반갑고 기쁘다. 마치 밤하늘을 가득 채운 별똥별이 한꺼번에 쏟아지듯 소원 더미가 머리 위로 떨어지는 느낌이다. 하지만 별똥별이 떨어지는 속도만큼 빨리 생각할 수 있는 사람은 없다.

노바는 숨을 깊이 내쉰다.

"하나하나 대려면 너무 많아요. 수십만, 아니 수백만 종의 동식물을 한꺼번에 모두 되살릴 수는 없어요?"

"물론 있지."

노바는 기왕 말이 나온 김에 좀 더 확실히 하기로 마음먹는다.

"그다음엔 동식물이 살아갈 생활 공간이 필요해요. 생각해 보세요. 노아의 방주처럼 모든 생물을 한 쌍씩 살려 봤자, 걔들이 살아갈 곳이 없으면 무슨 소용이 있겠어요? 할머니도 이해하시죠? 동식물은 먹을 것도 있어야 하고, 저마다 맞는 환경도 있어야 해요. 예를 들면 열대 우림 같은 거 말이에요. 바다도 깨끗해져야 하고, 산악 지대의 온도도 몇 도는 내려가야 하고, 아프리카 열대 초원에는 물이 흘러야 해요. 할머니도 분명히 아실 거예요. 그런데 그걸 어떻게 다 하시려는 거죠?"

우마는 진홍빛 루비 반지를 부드럽게 쓰다듬더니 마치 마법사처럼 엄숙한 목소리로 말한다.

"너는 곧 내가 열여섯 살 때 살았던 지구를 건네받게 될 거야. 하지만 분명히 약속해야 해! 지구를 정말 잘 관리하겠다고. 이건 두 번째이자 마지막 기회야. 지금부터는 아주 조심해야 해. 이런 기회는 두 번 다시 오지 않을 테니까."

우마의 말이 채 끝나기도 전에, 갑자기 목소리가 지하실이나 깊은 굴속에서 말하는 것처럼 웅웅 울린다.

"정확히 칠십일 년 후에 다시 만나자. 그때는 바로 네가 지구의 모습에 책임을 져야 해."

노바는 갑자기 온몸이 파김치처럼 늘어진다. 이제껏 세상에 없던 마법의 세계 속으로 빨려 들어가는 일은 이토록 피곤할 수밖에 없는 것일까? 방 안이 흔들린다. 우마는 노바 앞에서 어린애같이 웃다가 의자 등받이에 머리를 기댄다. 마치 죽음을 앞두고 편안히 눕는 것 같다.

그러나 곧이어 가래 끓는 쉰 목소리가 들려온다. 노바의 귀에는 마녀들의 축제에서나 들을 수 있는 마법의 주문같이 느껴진다.

"새들이 돌아온다……. 모든 새들이 돌아온다! 검은지빠귀, 개똥지빠귀, 되새, 찌르레기, 모두 돌아온다. 무리지어 돌아온다. 이제 모두 돌아왔다……, 행운과 축복을 안고!"

미래로 보내는 편지

노라는 눈을 번쩍 뜨고는 튕기듯이 벌떡 일어났다. 방 안에서 낯선 향기가 났다. 왠지 공기에서 탁하고 알싸한 느낌이 든다. 노라는 침대 옆에 놓여 있는 탁상등을 켜고 천장을 올려다보았다.

꿈이었다.

그런데 이렇게 이상하고도 신비스런 꿈이 있을까?

꿈속에서 노라는 먼 미래에서 살고 있었다. 방은 지금과 똑같았다. 비스듬한 천장도 마찬가지였다. 다만 벽에는 붉은 벽지가 발라져 있었고, 침대 위 천장에 커다란 평면 모니터가 걸려 있다는 점만 달랐다.

밖에서 박새 우는 소리가 들렸다. 겨울에도 날씨가 좋으면 간혹 박새가 지저귀곤 했다. 그런데 곧이어 아래쪽 주유소에서 요란한 자동차 엔진 소리가 들려왔다. 문이 쾅 하고 닫히는 소리에 이어 두 번째 자동차가 주유소로 들어가는 소리가 났다.

노라는 손에 끼고 있는 진홍빛 루비 반지를 만지작거렸다. 근 백 년 동안 대대로 내려온 가보였다. 수니바 이모는 젊은 시절에 미국으로 이주했다가 거기서 만난 약혼자한테 이 반지를 받았다고 한다. 안타깝게도 수니바 이모의 약혼자는 약혼식을 올린 지 몇 주 되지 않아, 알 수 없는 이유로 미시시피강에 빠져 목숨을 잃었다.

가족들은 이 진홍빛 루비를 '오래된 붉은 보석'이라고 불렀다. 그리고 이 반지가 신비한 힘을 지니고 있어서 언제나 가족을 지켜 줄 거라고 믿었다. 그런 반지가 어젯밤에 노라의 손에 들어온 것이다!

일 년 전에 돌아가신 노라의 할머니는 이 반지를 자식이 없던 수니바 이모한테서 물려받았다. 촌수로는 한참 먼 할머니이지만 모두들 그냥 '수니바 이모'라고 불렀다. 아무튼 노라의 이상한 꿈도 이 반지와 관계가 있는 게 분명했다.

오늘은 2013년 12월 11일이었고, 내일은 노라의 열일곱 번째 생일이었다. 노라는 꿈속에서 자신이 '노바'라는 이름의 소녀였다는 사실이 생생하게 기억났다. 노바에게는 '노라'라는 이름의 증조할머니가 있었는데, 태어난 날까지 지금의 노라와 똑같았다.

꿈속의 증조할머니, 즉 우마는 금테를 두른 루비 반지를 끼고 있었다. 지금 노라가 끼고 있는 반지와 같은 것으로, 넷째 손가락에 끼고 있다는 점까지 똑같았다. 그렇다면 꿈속의 노바는 자신의 증손녀이고, 그 증손녀의 눈으로 증조할머니인 자신을 보고 있는 셈이었다.

노라가 꿈속에서 자신의 증손녀가 된 건 그리 특별한 일이 아니었다. 다른 꿈에서도 어떤 때는 나폴레옹이 되었다가, 또 어떤 때는 평범한 거위가 되었다가 하니까.

하지만 이번에는 느낌이 좀 달랐다. 이 모든 게 그냥 꿈일 뿐일까? 노라는 확신이 들지 않았다. 그 어떤 꿈보다도 진짜 같았기 때문이다. 잠에서 깬 지 제법 시간이 지난 지금까지도 너무나 생생했다.

몇 세대 후의 미래는 자연환경이 모두 파괴되어 수많은 동식물이 멸종된 상태였다. 꿈속에서 노바는 증오에 가까울 정도로 신랄하게 증조할머니를 비난하면서 파괴되지 않은 온전한 세상을 돌려 달라고 떼를 썼다. 증조할머니가 어릴 때 누렸던 21세기 초의 풍요롭고 아름다운 자연환경을 말이다.

그런데 그 뒤에 기적이 일어났다. 잠에서 깨어나 보니, 노라는 21세기 초로 돌아와 있었다. 증조할머니의 열일곱 번째 생일 이후에 일어났던 나쁜 일들은 모두 원상회복되어 있었다. 아니, 아직 일어나지 않왔다고 해야 할까? 노라가 칠십일 년 전으로 총알같이 날아왔으니까 말이다. 이로써 노라와 이 세상에는 두 번째 기회가 주어졌다.

어떻게 이런 일이 일어날 수 있을까! 노라는 새로운 세상의 문턱에 서 있는 것 같은 느낌이 들었다. 이제는 모든 것을 처음부터 다시 시작할 수 있다!

세상은 새것이었다. 한 번도 쓰지 않은 물건처럼 완벽하게 새것이었다. 모든 것이 용서되었고, 멸종된 동식물이 모두 되살아났다. 수백만 종이 다시 돌아왔다. 예전의 생활 터전에 그대로.

물론 이 시간에도 수많은 생물들이 심각한 멸종 위기에 처해 있다. 노라는 그런 상황을 우려하는 보고서와 기사들을 상당히 많이 보았다. 그래도 너무 늦진 않았다. 아직은 세상의 생물학적 다양성을 지킬 수 있는 시간이 있으니까. 세상은 다시 한번 기회를 잡은 것이다!

문득 노라는 노바가 미래의 인터넷에서 발견한 편지가 떠올랐다. 증손녀가 태어나기 아주 오래전에 증조할머니 노라가 증손녀인 노바에게 쓴 편지였다. 그 편지에는 뭐라고 적혀 있었을까?

침대에서 튕기듯 일어난 노라는 방 안을 빠른 걸음으로 서성이다가 책상 앞에 앉아 컴퓨터를 켰다. 이제 다른 것을 생각할 시간이 없었다. 모든 신경을 집중해서 편지의 내용을 가능한 한 정확히 기억해 내야 했다. 미래의 증손녀에게 도착하기 칠십일 년 전에 우마가 썼던 그 긴 편지를 말이다.

노라는 컴퓨터 자판을 두드리기 시작했다.

사랑하는 노바에게,

네가 이 편지를 읽을 즈음에는 세상이 어떻게 변해 있을까? 너는 물론 잘 알고 있겠지. 기후의 재앙이 얼마나 심각한지, 자연이 그사이에 얼마나 쪼그라들었는지 말이야. 심지어 넌 어떤 종의 동식물이 이 세상에 더 이상 존재하지 않는지도 정확히 알고 있겠구나.

여기까지 쓰고 나자 더는 기억이 나지 않았다. 매우 길고 상세한 편지였다. 이대로 놔두었다가 언젠가 기억이 다시 떠오르길 기대하는 수밖에 없었다. 노라는 작성하던 파일에 '노바에게 보내는 편지'라는 제목을 붙인 뒤 컴퓨터에 저장했다.

노라는 높다랗고 길쭉한 창문 밖으로 시선을 던졌다. 12월의 화창한 날이었다. 학교 수업이 없는 날이라서 그런지 더욱 멋져 보였다. 오늘 무엇을 할지는 아직 정하지 않았다. 막 솟구친 해는 눈 덮인 풍경 속으로 긴 그림자를 마술처럼 드리우고 있었다. 날이 완전히 새려면 아직 좀 더 기다려야 했다.

노라의 머릿속에는 간밤의 꿈이 여전히 생생하게 남아 있었다. 바깥의 겨울 날씨만큼이나 실제처럼 느껴지는 꿈이었다. 다만 꿈속의 겨울은 여기보다 훨씬 더 따뜻했다.

노라는 책상 위로 시선을 옮겼다. 거기에는 하도 많이 읽어서 해질 대로 해진《세계의 상태》연감 몇 권과 노르웨이에서 멸종 위험에 처한 동식물을 기록한《레드 리스트》최신판, 기후 변화에 대한 얇은 책, 그리고《자연의 빈자리 : 지난 오백 년간 지구에서 사라진 동물들》이 놓여 있었다.《자연의 빈자리》는 얼마 전에 아빠가 오스트레일리아에 다녀오면서 사다 준 책이었다.

책상 위에 놓인 책꽂이 제일 아래칸에는 상자 두 개가 있었다. 빨간색 선물용 상자였다. 상자 하나에는 '지금 세상의 모습은?'이라는 제목이, 다른 상자에는 '우리는 무엇을 해야 하는가?'라는 제목이 붙어 있었다. 오려 놓은 신문 기사와 출력한 인터넷 기사를 모아 둔 상자였다.

순간, 한 가지 생각이 노라의 머릿속에 번쩍 떠올랐다.

인터넷!

노라의 꿈속에 등장한 노바는 이 빨간 상자 속의 기사를 인터넷으로 읽고 있었다! 어젯밤에 엄마 아빠가 영화를 보는 동안, 자신이 식탁에 앉아 오리고 있던 바로 그런 종류의 신문 기사들이었다.

노라는 벌떡 일어나 책꽂이에서 선물 상자 두 개를 꺼내 책상에 올려놓았다. 그러고는 인터넷 사이트를 샅샅이 뒤져 원하던 기사를 찾아냈다.

지금껏 모든 윤리학의 중요한 원칙은 '황금률'이라고 불리는 '상호성의 원칙'이었다. 즉 남이 너한테 해 주길 원치 않는 일은, 남에게도 하지 말하는 것이다. 이 황금률은 지금까지 같은 시대를 사는 사람들 사이에서 마땅히 지켜야 하는 당연한 원칙으로 여겨져 왔다.

그런데 시간이 지나면서, 이 상호성의 원칙이 미래와 과거를 아울러야 한다는 주장이 대두되고 있다. 우리가 이전 세대에 바랐던 일을 미래 세대를 위해 똑같이 해 주어야 한다는 것이다.

인간들은 한 시대에 다 같이 살지 않는다. 우리 세대 이전에 이미 수없이 많은 사람들이 살았고, 그중의 일부는 지금 살고 있으며, 또 우리 세대 이후에 앞으로도 수많은 사람들이 살아갈 것이다. 우리 세대 이전에 살았던 사람들이 이루어 놓은 생활 터전 덕분에 우리가 지금 편안한 삶을 누리고 있는 것인 만큼, 우리 세대 이후의 사람들도 우리에게 생존의 터전으로서 온전한 지구를 요구할 권리가 있다.

그러므로 지금 우리가 사는 지구보다 못한 지구를 후손에게 물려주어서는 안 된다. 다시 말해 바다에 마실 물과 식량이 줄고, 열대 우림이 줄고, 숲이 줄고, 산호초가 줄고, 빙하와 얼음이 줄고, 동식물이 줄고……, 거기에다 아름다움과 자연의 기적이 줄고, 장엄함과 즐거움까지 줄어든 지구를 물려주어서는 결코 안 될 것이다!

노라는 이 글을 읽으면서 기분이 묘했다. 벌써 서너 번은 읽은 기사였는데, 자신의 증손녀가 앞으로 칠십여 년 후에 인터넷에서 이 기사를 찾아내 읽을 거라니! 오늘날 인터넷에서 볼 수 있는 모든 정보는 영원에 가깝게 존재할 것이다. 노라 시대의 글과 사진들이 디지털로 이루어진 인터넷에서 계속 떠돌게 될 거라는 뜻이다.

불쌍한 후손들. 노라는 문득 이런 생각이 들었다. 몇 세대 전에 살았던 조상들의 무분별함과 이기심 탓에 후손들은 초라해진 지구에서 살아갈 수밖에 없는 것이다. 그렇다고 미래에 물려줄 지구에 대해 경고가 없었던 것도 아니다. 아니, 사실 이런 경고는 지금도 넘쳐난다.

우리 세대 이후의 사람들도 우리에게 생존의 터전으로서 온전한 지구를 요구할 권리가 있다.

후손들이 먼 과거에 봇물처럼 터져 나왔던 이런 경고글을 읽으면서, 동시에 지구가 예전처럼 돌아가기에는 너무 늦어 버렸다는 사실을 깨닫게 되면 어떤 기분이 들까? 당연히 분노가 치밀겠지.

노라는 여전히 꿈에서 벗어나지 못하고 있었다. 문득 요나스가 떠올랐다. 일어나자마자 전화하기로 약속했는데……. 하지만 지금은 그럴 겨를이 없었다. 기다려야 했다. 꿈속의 내용을 좀 더 기억해 내야만 했다. 그러다 또 한 장면이 떠올랐다. 노바가 방 안을 서성거리며 무언가를 듣는 장면이었다.

노라는 노바가 무엇을 듣고 있는지 알고 있었다. 예전에 이미 한 번 읽은 글이었으니까. 그런데 어디 있지? 상자 두 개를 모두 뒤졌지만 인쇄물은 보이지 않았다.

다시 어렴풋이 기억이 떠올랐다. 잠시 후, 노라는 책꽂이에서 낡은 책 한 권을 꺼냈다. 《아라비안나이트》였다. 짐작대로 인쇄물은 책 사이에 끼워져 있었다. 인쇄물을 책갈피로 사용했던 것이다.

지금은 모든 점에서 역사상 유례가 없는 시대이다. 우리는 우주를 탐사하고 인간의 유전자 지도를 만드는 데 성공했지만, 한편으로는 지구 환경에 결정적 타격을 입힌 최초의 세대이기도 하다. 우리는 인간이 지구의 자원을 얼마나 고갈시키고, 생태계를 얼마만큼 망가뜨릴 수 있는지 똑똑히 지켜보고 있다.

그동안 환경은 엄청나게 변했고, 지금도 줄기차게 변하고 있다. 지금 우리가 사는 시대를 새로운 지질 시대, 즉 생태계 파괴로 인류에게 치명적인 위기가 닥쳐오는, 지구 최후의 지질 시대인 '인류세'라고 부를 정도로 말이다.

18세기 말, 땅속에 갇혀 있던 화석 연료는 마치 알라딘의 램프 속 요정처럼 인간을 유혹했다. 우리 귀에 대고 자기들을 꺼내 달라고 달콤하게 속삭였던 것이다. 우리는 결국 석유와 석탄의 유혹에 쉽사리 넘어갔고, 지금은 요정을 램프에 다시 집어넣으려고 안간힘을 쓰고 있다.

우리가 지구에 매장된 화석 연료를 모두 채굴하고, 그 안에 저장되었던 이산화 탄소를 모조리 대기권으로 배출하게 되면 인간의 문명은 그리 오래가지 못할 것이다. 그럼에도 많은 나라들이 자기 영토에 매장된 화석 연료를 채굴하고 사용하는 걸 당연한 권리로 여긴다. 그렇다면 열대 우림 국가들이 열대 우림을 자기들 마음대로 처리하는 것도 당연한 권리가 되는 셈일까?

노라는 창가로 다가가 끊임없이 차량이 들고나는 주유소를 내려다보았다. 주유소가 살아 있는 화석처럼 보이기는 처음이었다. 마치 다른 시대에서 온 유물처럼 비현대적이고 고풍스러워 보였다. 물론 아직은 아주 분주하고 활기차게 영업 중이었지만.

곧이어 꿈에서 본 또 다른 장면이 머릿속에 떠올랐다.

우산과 소년

노바는 빨간 우산을 쓰고 집 아래쪽 비탈길을 걸어 내려간다. 빗줄기는 여전히 굵다. 우산은 어린아이 예닐곱 명은 충분히 들어갈 정도로 크다. 건너편에 보이는 강변의 비탈길에는 흙덩이가 잔뜩 쓸려 내려와 있다. 큰 도로는 한참 위쪽으로 옮긴 지 오래이다. 너무 멀어서 저기 어디쯤 있으려니 짐작만 할 뿐이다.

교차로 쪽으로 내려간다. 예전에는 주유소가 있던 자리인데, 지금은 피난 행렬을 위한 휴게소가 들어서 있다. 서아시아 지역에서 온 피난민들이 북쪽 산악 지대를 통과하기 전에 여기서 쉬었다 간다. 낙타들은 물을 마시고 사람들은 허기를 채우며 고단함을 달랜다. 강 위쪽

분지에는 모닥불이 활활 타오르고 있는데, 불가에 제법 많은 사람들이 모여 불을 쬐고 있다.

노바는 빨간 우산을 들고 산책 삼아 난민 무리 한가운데로 걸어간다. 여자들은 발목까지 내려오는 검은 옷을 입고, 남자들은 길고 헐렁한 흰 옷을 입고 있다. 노바만 우산을 쓰고 있는데, 우산에서 빗방울이 뚝뚝 떨어지자 사람들이 노바에게서 얼른 피한다. 몇몇은 빨간 우산 밑으로 들어와 노바에게 인사를 건넨다. 아이들은 우산 밑으로 들어올 때 굳이 고개를 숙이지 않아도 된다.

한쪽에서 사람들이 즐겁게 웃는다. 한 남자가 낡은 석유램프로 저글링을 하고, 여자와 아이들은 손뼉을 치며 좋아한다. 마을 사람들은 양꼬치와 뜨거운 음료를 판다. 비옷과 담요를 파는 사람도 눈에 띈다. 아랍인들은 금화로 계산한다.

사람들 무리에서 조금 떨어진 풀밭에 소년이 누워 있다. 노바는 검은 옷을 입은 여자에게 소년이 아프냐고 묻는다. 여자는 걱정스런 얼굴로 고개를 끄덕이며 '긴 여행' 때문이라고 대답한다.

노바는 풀밭에 누워 있는 소년에게 다가가 우산을 씌워 준다. 차가운 빗줄기가 피부에 닿으면 건강에 좋을 리 없다. 검은 옷을 입은 여자 둘이 노바를 뒤따라온다. 노바는 자기 집을 가리키며, 소년을 거기로 데려가 재우자고 말한다.

소년은 두 여자의 부축을 받으며 노바를 따라 비탈길을 힘겹게 올라간다. 우마는 벌써 문 앞에 나와 기다리고 있다. 노바가 할머니에게 이야기한다. 소년이 아프다고, 그래서 건강이 회복될 때까지 집에 데리고 있는 게 좋겠다고. 우마와 노바는 소년을 쿠션 방에 누인다. 어쩌면 의사를 불러야 할지도 모르겠다. 약이 필요할 것 같다.

석유 과잉 시대

자동차들이 연이어 주유소 주차장으로 들어가고 있었다. 대부분의 운전자들은 편의점에 들러 소시지와 감자칩을 사는 동안 자동차 엔진을 끄지 않는다. 노라는 서 있는 자동차가 내뿜는 배기가스를 보자 화가 치밀어 올랐다. 뭐, 저런 멍청이 같은 운전자들이 다 있담!

추운 겨울에는 배기구에서 나오는 청회색 배기가스가 유독 잘 보였다. 바깥 기온은 어는점을 훨씬 밑돌았다. 대략 영하 10~12도 사이일 듯했다. 창문 밖에 온도계를 놓아둔 것은 아니지만, 노라는 배기가스의 색깔과 농도를 보고 바깥 기온을 간단히 읽어 내었다.

노라는 창문 앞에 서서 주유소를 바라보다가, 손에 들고 있던 노란색 포스트잇을 내려다보았다. 거기에는 최근에 접한 석유 관련 기사를 보고 적어 둔, 쉽게 이해가 가지 않는 숫자들이 빼곡하게 적혀 있었다.

석유 1배럴(약 159리터.—옮긴이)은 요즘 100달러에 팔린다. 노르웨이 화폐 단위로 환산하면 600크로네(1크로네는 약 180원.—옮긴이)이다. 그리고 석유 1배럴이 제공하는 에너지의 양은 사람의 육체노동 일만 시간과 맞먹는다. 그러니까 노르웨이에서 여섯 명이 일 년 동안 일하는 양과 비슷한 셈이다.

노르웨이 노동자는 1인당 평균 35만 크로네의 연봉을 받는다. 석유 1배럴의 가치를 돈으로 환산하면 210만 크로네에 이른다. 석유 1배럴이 제공하는 에너지를 육체노동으로 대체하려면 적어도 200만 크로네 이상의 비용을 들여야 한다는 뜻이다.

미국인은 평균적으로 일 년에 1인당 석유 25배럴가량을 소비한다. 대략 한 사람이 백오십 년 동안 일하는 시간과 비슷하다. 다르게 풀이하자면, 미국인 한 사람은 일 년 동안 자동차와 비행기, 난방기, 냉장고, 텔레비전, 오디오, 에어컨을 매 시각 돌리고, 거기다 공장과 농장에까지 에너지를 공급하는 에너지 노예를 백오십 명이나 거느리고 있는 셈이다. 물론 이건 석유에만 국한된 이야기다. 석유 말고 석탄과 가스까지 더하면 인간은 어마어마한 양의 에너지를 쓰고 있다.

인간이 육 년 동안 육체노동의 대가로 600크로네만 받는다면 어떨까? 일 년에 100크로네를 받는다는 소리인데, 이거야말로 정말 노예 노동이 아닐 수 없다.

석유같이 귀중한 원료가 어떻게 그리도 쌀 수 있을까?

노라는 이 질문에 대한 답을 곰곰이 생각해 보았다. 나름대로 찾아 낸 답은 이랬다. 수백만 년에 걸쳐서 만들어진 석유는 고이 저장된 태양 에너지의 저수지나 다름없다. 이런 석유는 처음에 누구의 소유도 아니었기에 가격이라는 것이 없었고, 아무나 땅에서 퍼 올려 마음껏 쓸 수 있었다. 그러다 돈이 개입되면서 공짜 석유의 신화는 끝나 버렸지만, 이번에는 반대로 돈을 벌기 위해 석유를 마구 퍼 올렸다.

노라는 노란색 포스트잇을 보며 고개를 절레절레 흔들었다. 석유가 몇몇 사람들에게는 가난에서 벗어날 탈출구 역할을 했지만, 정작 수많은 사람들에게는 과잉의 삶, 즉 유례없이 사치스런 삶을 즐기는 통로가 되었다.

노라는 신문에서 오려 낸 광고도 손에 들고 있었다. 비행기 여행 상품에 대한 광고였다. 오슬로에서 멀지 않은 도시 모스에서 파리까지 가는 데 가장 싼 비행기 티켓이 119크로네였다. 항공료가 왜 이렇게 싼 걸까? 노라는 도무지 이해가 되지 않았다. 게다가 그 밑에는 '공항 이용료 및 유류 할증료 포함'이라는 문구까지 적혀 있었다. 부가 비용을 포함한 가격이 119크로네라니! 그것은 노라가 오슬로에서 전철을 네 번 갈아타는 비용과 비슷했다.

　그런데 광고 문구에는 적혀 있지 않지만 언젠가 다른 데서 읽은 내용이 퍼뜩 떠올랐다. 기후에 영향을 미치는 정도를 기준으로 삼는다면, 어떤 사람이 오슬로에서 파리까지 비행기로 한 번 왕복하는 건, 일 년 동안 왕복 7킬로미터 거리에 있는 직장에 매일 승용차로 출퇴근하는 것과 같다. 게다가 오슬로에서 뉴욕까지 비행기를 타고 가는 동안에 발생하는 환경적 피해는 승용차 오만 대가 하루 종일 대기에 미치는 영향과 비슷하다.

　결국 미래 세대가 써야 할 자원이 이런 식으로 낭비되는 셈이다. 아껴 쓰면 훨씬 더 오래갈 배터리가 무분별한 낭비로 벌써 방전될 위기에 처했다고나 할까? 화석 연료가 바닥나면 다시 예전처럼 등골 빠지게 육체노동을 해야 할 시대가 찾아오게 될지도 모른다. 그런 의미에서 노라는 석유와 자연이라는 미래 세대의 재산이 무한정 도둑질당하는 현장의 목격자인 것이다!

　노라는 아직 창가에 서 있었다. 꿈속에서 창밖을 내다볼 때는 마을 사람들이 기후 난민들에게 양꼬치를 파는 장면이 보였는데……. 노라는 자기도 모르게 입가에 웃음이 피어올랐다. 이번에는 모든 것이 정말로 현실 같았다. 심지어는 지난여름에 떠났던 이탈리아 가족 여행보다 더 생생하게 와닿았다. 오히려 어제 학교에서 무엇을 했는지는 하나도 기억이 나지 않았다.

노라가 꿈에 얽힌 여러 가지 실마리 가운데 하나를 잡아당기면 곧장 새로운 이야기가 딸려 오는 듯했다. 과거와 미래를 오가며, 아니 어쩌면 동시에 경험한 온갖 이야기들이 말이다.

알라딘의 반지

아랍 소년은 차츰 몸이 좋아진다. 나이는 노바와 같거나 한 살쯤 많아 보인다. 둘은 쿠션 방에 앉아 '화내지 마(독일의 유명한 보드게임.―옮긴이)' 게임을 한다. 노바는 빨간 말을, 소년은 파란 말을 손에 쥔다.

소년은 말 세 개를 한 칸에 모으고, 다시 한번 주사위를 던져 나머지 말도 그 칸에 합류시킨다. 그러고는 자신이 이겼다고 주장한다. 둘은 게임 규칙을 두고 싸우다가 아예 게임을 그만둔다.

노바와 소년은 너도밤나무 아래에 서서 골짜기 쪽을 바라본다. 도망친 단봉낙타 한 마리가 휴게소 쪽으로 다가간다. 소년이 노바에게로 몸을 돌리며 말한다.

"우리 고조할아버지는 단봉낙타를 탔고, 증조할아버지는 메르세데스 벤츠를 탔고, 할아버지는 점보제트기를 타고 세계를 누비셨어. 이제 우리는 다시 단봉낙타를 탄 채 떠돌고 있지."

소년은 생각에 잠긴 얼굴로 노바를 바라보더니 이렇게 덧붙인다.

"우리에게 석유는 불행이었어. 이제는 정착할 수 있는 땅마저 사라졌잖아. 살아갈 땅이 없으면 아무리 돈이 많아도 행복할 수 없어."

이제 소년은 가야 한다. 낙타를 탄 또 다른 아랍인들이 휴게소에 모여 있다. 냄비에서 연기가 피어오른다. 우마가 작별 인사를 하려고 집에서 나온다. 소년은 손가락에서 진홍빛 반지를 빼서 우마에게 건넨다. 재워 주고 먹여 주고 보살펴 준 것에 대한 감사의 표시다.

처음에 노바는 소년이 우마에게만 감사의 선물을 주어서 조금 실망한다. 그러나 소년은 몸을 돌려 노바의 머리를 어루만지고는 이렇게 말한다.

"증조할머니는 많이 늙으셨어. 저 반지는 언젠가 네가 물려받을 거야. 《아라비안나이트》에 나오는 진짜 알라딘의 반지지."

노바는 검은색에 가까운 소년의 짙은 눈동자를 가만히 들여다보며 반지에 숨겨진 커다란 비밀을 예감한다.

지난 백 년과
앞으로의 백 년

다시 정신을 차렸을 때, 노라는 길쭉한 창문 앞 파란색 쿠션 의자에 앉아 있었다. 몸이 파김치처럼 늘어졌다. 하긴, 순식간에 칠십일 년 전으로 돌아왔으니 충분히 그럴 만했다. 노라 속에는 두 사람이 들어 있었다. 2084년의 열일곱 살 노바와, 내일이면 또 열일곱 살이 될 2013년의 노라.

노라는 컴퓨터 앞에 앉아 주소창에 www.arkive.org를 입력했다. 잠시 후, 자신이 즐겨 찾는 사이트가 화면에 떠올랐다. 'Images of Life on Earth'였다.

맨 처음 눈에 들어온 건 스페인 스라소니 사진이다. 이 사이트에서는 멋진 사진과 동영상으로 저장된 동식물 수천 종을 원하는 대로 선택해서 살펴볼 수 있다. 게다가 자료를 보면서 과거의 자연환경과 오늘날의 자연환경을 생생하게 비교해 볼 수도 있다.

그사이 지구의 생태계는 급격히 쪼그라들었다. 게다가 아직 파괴되지 않은 건강한 생태계들 사이를 이어 주던 연결망도 차츰 끊어지고 있었다. 예를 들어, 예전에는 다양한 동식물이 아프리카 동부에서 서부까지 거의 전 대륙에 걸쳐 넓게 퍼져 있었지만, 오늘날에는 간신히 보존되고 있는 원시 밀림에서만 그 다양하던 식물군과 동물군의 일부를 드문드문 찾아볼 수 있을 뿐이다.

그건 유럽이나 아시아, 아메리카도 마찬가지다. 차이가 있다면 유럽의 생물학적 다양성은 다른 지역보다 훨씬 일찍 더 파괴되었다는 사실이다. 현재 유럽 중앙부에는 덩치 큰 육식 동물이 거의 살지 않는다. 노르웨이만 하더라도 1856년에서 1893년 사이에 곰 오천 마리 이상이 사람의 손에 목숨을 잃었다.

노라는 검색창에 '유인원'이라고 입력했다. 모두 여섯 종이 떴는데, 침팬지와 고릴라, 오랑우탄이 각각 두 종씩이었다. 그중 네 종은 세계 자연 보전 연맹으로부터 '심각한 위기 종'으로, 두 종은 '멸종 위기 종'으로 분류되었다. 결국 지구상의 모든 유인원이 심각한 위기에 처해 있거나 멸종 위협을 받고 있는 셈이다. '멸종 위기 종'은 몇십 년

안에 멸종될 위험성이 큰 종을 가리키고, 그 위험이 아주 심각할 경우에는 '심각한 위기 종'으로 분류되었다.

그래, 이나마 아직 남아 줘서 고마워!

노라는 여러 동영상을 클릭해 보았다. 자신도 모르게 빨려 들어간 미래 세계에서 본 것과 똑같은 영상이었다. 다만, 몇십 년 뒤 미래에서 본 영상들은 다시 되돌릴 수 없는 절망적인 상황을 떠올리게 했지만, 지금은 희망이 아예 없지는 않았다. 영상 속 동물들은 아직까지 자연 속에서 자유롭게 살고 있으니까 말이다. 물론 자연환경이 잘 보존된 몇몇 지역에서 작은 규모로 위태롭게 살아가고 있지만.

그사이에 인간은 지구상에서 가장 넓은 지역을 차지하고 살아가는 포유류가 되었다. 지금껏 포유류 중에서 호모 사피엔스만큼 많은 수가 지구 곳곳에 퍼져 있었던 적은 없었다. 거기엔 당연히 이유가 있었다. 인간은 가장 가까운 혈족까지 멸종의 위험에 빠뜨리는 행동도 마다하지 않는 종족이니까!

인간의 수가 이렇게 늘어날 수 있었던 데에는 자신들의 생활 터전을 넓히고자 나무를 베고 숲에 불을 질러 동식물들의 생활 공간을 심각하게 파괴한 게 큰 역할을 했다.

마지막으로, 몸집이 큰 육식 동물들이 화면에 나타났다. 현재 많은 육식 동물이 유인원처럼 멸종 위기에 처해 있다. 가령, 호랑이는 지난

백 년 동안 예전 서식지의 93퍼센트를 잃어버렸다. 물론 유인원과 큰 맹수만 생물학적 다양성 면에서 후퇴한 것이 아니다. 수천, 아니 수십만 종의 동식물이 위기에 빠져 있다. 지구 곳곳에 퍼져 있던 생태계가 인간이 일으킨 기후 변화로 쪼그라들거나, 생물이 살아갈 수 없는 불모지로 변한 것이다.

자연은 원래의 매력을 급격히 잃어버렸다. 백 년 후에 지구는 과연 어떤 모습으로 변해 있을까?

생일 선물로 받은 스마트폰을 까맣게 잊고 있던 노라는 침대 옆 탁자에서 집어 들고 전원을 켰다. 문자 메시지가 도착해 있었다. 새로 산 스마트폰으로 받은 첫 문자 메시지였다! 보낸 사람은 당연히 요나스였다.

일어났어? 전화해도 돼?

노라는 살짝 양심에 찔렸다. 일어나는 대로 바로 전화하기로 한 약속을 지키지 못한 것이다. 곧장 답장을 보냈다.

지금은 조금 바빠. 중요한 일이야. 우주적인 문제임. 늦지 않게 전화할게.

몇 초 뒤, 바로 답이 왔다.

　알았어, 천천히 해. 우주적인 문제가 뭔지 무척 기대되네.

스마트폰에는 온라인 신문을 비롯한 언론 매체의 앱이 여러 개 깔려 있었다. 어느 신문사 애플리케이션에서 노라는 〈여전히 실종 중〉이라는 제목의 기사를 발견했다.

　노르웨이 국적의 에스테르 안톤센은 소말리아에서 인질로 붙잡혔다. 그녀는 어제 아침, 세계 식량 계획의 식량 수송반 일원으로 모가디슈 국제공항을 출발했다. 화물차 다섯 대에 긴급 구호 식량을 싣고 이동 중이었는데, 세계 식량 계획의 직원과 자원봉사자 중 세 명이 현재 인질범의 손에 잡힌 것으로…….

　아프리카 동부 소말리아 반도의 '아프리카의 뿔' 지역은 작년에 닥친 극심한 가뭄 때문에 심각한 상황에 빠졌다. 수천 명이 굶어 죽었고, 엄청난 수의 난민들이 가뭄과 전쟁으로 황폐해진 이 지역을 빠져나가려고 아우성을 치고 있다.

　……기후 연구가들에 따르면 인간이 일으킨 기후 변화가 아프리카의 여러 지역에 가뭄과 같은 자연 재해를 일으키고, 그로 인해 아프리카 주민들의 고

통이 더욱 커지고 있다고 한다.

노라는 인질로 잡힌 노르웨이 여성의 사진을 찬찬히 살펴보았다. 나이는 서른 언저리로 보였다. 그런데 왠지 어디선가 본 적이 있는 것 같았다. 혹시 중학교 때 기간제 교사로 있던 사람일까? 아니면 이번 에도 그냥 꿈에서 본 것일까?

노라는 실제로 한 번도 만난 적이 없는 사람을 자신이 아는 사람이 라고 믿는 일이 더러 있었다. 꼭 꿈에서 본 것 같은 생각이 들었기 때 문이다. 꿈을 통해서 알게 된 사람에게는 섣불리 아는 체를 하지 않는 게 좋다는 건 몇 번의 경험으로 충분히 깨닫고 있었다. 예전에는 그런 사람들을 만나면 대뜸 이렇게 말했다.

"어쩜, 이런 일이 다 있죠? 꿈에서 당신을 봤어요!"

그러나 이제는 그런 말을 곧바로 하지 않는다.

기후 변화의 타조

노바는 단봉낙타 등에 앉아 있다. 앞에는 낙타 네 마리가 여행자들의 자잘한 가재도구를 싣고 터벅터벅 걸어간다. 낙타 등에는 몰데나 크리스티안순 같은 큰 시장에 내다 팔 양탄자 따위의 물건이 실려 있다. 대부분 수제품들이다.

낙타 양쪽 허리에는 짐 보따리가 축 늘어져 있는데, 거기엔 진주 목걸이와 향료 주머니가 들어 있다.

노바가 탄 낙타를 아랍 소년이 끈다. 노바의 어깨에는 일행 중 한 명이 선물한 빨간 숄이 둘러져 있다. 낙타 등에 높지막이 앉아 세상을 굽어보고 있으려니 마치 공주가 된 듯한 기분이다. 그 마음을 알아챘는지, 소년이 노바를 올려다보며 싱긋 웃는다.

"왕비 같아."

소년이 말한다.

노바는 기후 난민과 함께 서쪽 골짜기 쪽으로 가다가 나중에 홀로 전기 버스를 타고 돌아올 생각이다. 재미 삼아 따라나선 길이다. 노바는 소년이 좋았다. 그래서 그냥 이렇게 헤어지기는 아쉬웠다.

노라가 함께한 난민 행렬은 서른 명가량인데, 다양한 연령대로 이루어져 있다. 한 남자가 낙타 앞에서 걸어가며 박자에 맞춰 북을 치고, 그 앞에서는 열한두 살쯤 된 소녀가 대나무 피리를 불며 춤을 춘다.

강 위쪽 다리 뒤편부터 고갯길로 이어지는 오르막이 시작된다. 이제 비는 내리지 않는다. 그래도 세상은 아직 축축하고, 나무에선 물방울이 뚝뚝 떨어진다.

강물이 우르릉 쾅쾅 거품을 일으키며 골짜기를 따라 내려온다. 강은 금방이라도 넘칠 듯이 불어나 있다. 제발 며칠 동안이라도 잠잠하길 바랄 뿐이다.

북쪽 지역은 지금처럼 따뜻하고, 비가 많이 내리고, 수풀이 우거졌던 적이 없다. 강물이 짙은 갈색을 띠면서 이렇게 높이 불어난 것도 처음이다. 사실 유럽 북쪽 지역의 인구는 사십 년 만에 네 배로 늘어났다. 아이를 많이 낳아서 그런 게 아니라, 기후 난민들이 끊임없이 밀려

왔기 때문이다.

급격한 기후 변화가 이득으로 작용한 곳은 북쪽 지역이 유일했다. 아직까지는 난민들이 정착할 공간이 충분했다.

노바는 소년에게 21세기 초에 활동했던 '기후 변화 회의론자'들에 대해 이야기한다. 북방에 살았던 몇몇 사람들은 쓸쓸한 결과가 눈앞에 닥치기 전까지 줄곧 지구 온난화는 없을 거라고 주장했다. 설사 지구 온난화가 일어나더라도 인간에 의해 시작된 것은 아닐뿐더러, 만에 하나 지구 온난화가 발생한다 하더라도 그것은 오히려 북쪽 지방에 축복이 될 거라고 떠들어 댔다.

소년이 대답한다.

"자기주장이 틀렸을 때를 대비해서 항상 빠져나갈 구멍을 마련해 놓는 사람들이지. 서아시아와 아프리카에 사는 타조들은 무서운 것을 보면 지레 겁을 먹고 모래 속에 머리를 처박곤 해. 자기 눈에만 안 보이면 된다는 거지. 위기를 그런 식으로 외면하는 태도는 바람직하지 않아. 그래서인지 그사이에 멸종되었지."

밑에서 걷는 소년은 자기 말을 제대로 전달하려고 고함을 지르다시피 한다. 노바는 단봉낙타 등에 앉아 웃음을 터뜨리며 맞장구를 친다.

"옛날에, 기후 변화가 와도 우리나라는 걱정할 필요가 없다고 말하는 사람들이 있었어. 북극 얼음이 녹으면 스키나 썰매는 타지 못하겠지만, 그보다 훨씬 더 큰 이익이 우리한테 돌아올 거라고 했지. 북극 빙하 밑에 엄청난 양의 석유가 매장되어 있는데, 노르웨이 사람들은 북극점 가까이까지 석유를 채굴할 권리가 있다나. 게다가 우리가 왜 북극곰까지 신경 써야 하느냐고 볼멘소리를 하는 사람도 많았어. 판다만 구해도 충분하지 않느냐는 거지. 그 사람들이 바로 기후 변화의 타조들인 셈이야. 북극의 얼음이 녹는 건, 머지않아 지구 전체가 뜨거워질 거라는 경고임을 깨닫지 못했으니까. 그래서 내가 지금 이렇게……, 단봉낙타에 앉아 있는 거 아니겠어?"

휴게소에 도착하자, 소년은 노바가 낙타에서 내리는 것을 도와준다. 난민 행렬은 곧 떠날 것이다. 물론 전기 버스는 시도 때도 없이 온다. 노바와 소년은 버스 정류장의 컴퓨터로 메신저 주소를 교환하고 다시 만날 것을 약속한다.

소년은 자신이 살았던 작은 왕국의 현재 모습을 화면으로 보여 준다. 사방에 모래밖에 보이지 않는다.

노바가 묻는다.

"모래밖에 없어? 도시는 다 없어진 거야?"

"있기는 해. 모래 밑에 있어서 그렇지."

소년은 한참을 이리저리 검색하더니, 사막 위로 일이 미터가량 삐

죽 솟은 작은 건축물의 일부를 찾아낸다. 마치 뾰족한 레고 블록 같다.

소년이 말한다.

"미나레트(이슬람 예배당인 모스크의 첨탑.—옮긴이)야."

곧이어 버스가 온다. 노바는 버스에 타기 전에 소년과 하이 파이브를 한다.

사진 화석

　노라는 스마트폰을 들여다보며 아프리카에서 납치된 여성을 어디에서 봤는지 곰곰이 생각해 보았다. 혹시 요나스와 함께 환경 단체 설립과 관련해 안내 책자를 얻으려고 환경 센터 건물에 들렀을 때 만난 사람일까?

　노라는 애써 궁금증을 누르며《자연의 빈자리 : 지난 오백 년간 지구에서 사라진 동물들》을 집어 들었다. 상당히 무거웠다. 1.5킬로그램도 더 나갈 것 같은 두꺼운 책이었다. 표지 그림은 도도새였다. 인도양의 모리셔스섬에 살았던 큰 비둘기 종류인데, 마지막으로 목격된 건 1681년이었다.

다음으로 모아새의 그림이 있는 부분을 펼쳤다. 1600년경에 뉴질랜드의 마오리족에 의해 멸종되었는데, 칠면조만 한 것에서부터 타조보다 더 큰 것에 이르기까지 크기가 다양했다. 그 뒤로 1500년에서 1989년 사이에 멸종된 포유류와 조류, 파충류의 그림이 이어졌다.

도도새와 모아새는 날지 못한다는 공통점이 있었다. 게다가 인간이 섬에 발을 들여놓기 전까지만 해도 천적이 없었다. 결국 그 새들은 인간의 손쉬운 먹잇감이 되고 말았다.

어느 책에선가, 모아새는 마오리족의 민속 문화 속에 여전히 한 자리를 굳건히 차지하고 있다는 이야기를 읽은 적이 있다. 마오리족의 민요에는 모아새의 운명을 안타까워하는 노래가 여러 곡 있다고 한다.

이 두꺼운 책에는 노라가 인터넷에서 읽은 기사도 실려 있었다.

1966년부터 세계 자연 보전 연맹에서 발간해 온 《레드 리스트》라는 책자가 있다. 위기와 경고를 뜻하는 빨간색 표지 때문에 붙은 이름인데, 심각한 멸종 위기에 빠져 있거나 앞으로 그럴 위험이 큰 동식물을 상세하게 소개하는 책이다.

최근에 《레드 리스트》는 해상도가 높은 컬러 사진을 편집해 넣으면서 점점 화려해지고 있다. 이러다 몇 년 뒤에는 멸종된 동식물의 인상적인 사진을 담은 멋진 화보집이 출간될지도 모르겠다. 그러면 지금 위기 종으로 분류되고 있는 동식물들은 훗날 '사진 화석'으로 불릴 것이다. 서식처와 함께 사라지고 나면 인간이 찍은 사진으로만 생생하게 남을 테니까.

지구상에서 생물학적 다양성이 심각하게 훼손되기 시작한 이때, 디지털 정보 저장 기술을 포함한 사진 기술이 급격하게 발달한 것은 운명의 아이러니라고 해야 할까? 언젠가는 공룡에 대한 아이들의 관심이 잦아지고, 멸종된 조류와 포유류에 대한 갈망이 그 자리를 대신할 것이다.

혹시 또 모르겠다. 그때가 되면 멸종된 동식물의 이름과 그림을 연결시키는 '그림 맞추기 퍼즐'이 제2의 전성기를 맞이할지도.

노라는 모든 것이 병들었다는 생각이 들었다. 인간이 아무리 뛰어난 존재라 할지라도, 다른 생명체를 뿌리째 뽑아 버릴 권리까지 가질 순 없었다. 대체 인간에게 무슨 일이 일어난 걸까? 빨리 답을 찾고 싶었다.

그때 문득 머릿속에 한 사람의 얼굴이 떠올랐다.

노라는 책상 서랍을 열어 벤야민 박사의 명함을 꺼냈다. 언제든 전화해도 괜찮다고 했지만, 예의상 문자 메시지를 먼저 보냈다.

안녕하세요, 노라 니루예요. 대체 우리 인간한테 무슨 일이 일어난 걸까요? 이 문제로 이야기를 나누고 싶어요. 언제 전화하면 될까요?

일 분도 안 돼 답장이 왔다.

지금 전화해도 괜찮아. 오늘은 병원에 안 갔으니까.

오늘은 병원에 안 갔다고? 오늘은 왜 병원에 가지 않았을까?

머릿속에서 여러 가지 생각이 실타래처럼 꼬였다. 노라는 일단 벤야민 박사의 전화번호를 눌렀다. 벤야민 박사는 곧바로 전화를 받았다.

"벤야민입니다."

"노라예요."

"안녕? 근데 내 전화번호는 어떻게 알았니?"

"지난번에 명함을 주셨잖아요."

"아, 맞다. 그랬지."

"뭐, 걱정거리라도 있으세요?"

"응, 당연하지. 근데 무슨 일로 전화했니?"

당연하다고? 노라는 벤야민 박사가 무슨 뜻으로 이렇게 말했는지 이해가 되지 않았다. 하지만 자신이 왜 전화했는지는 명확하게 알고 있었다.

"박사님은 인간, 그러니까 종으로서 인간의 정신 상태도 진단하시나요? 사람들은 우리가 살고 있는 행성을 스스로 파괴하고 있어요.

왜 그런 짓을 하는 거죠?"

"……."

"여보세요?"

"네가 보낸 문자 메시지를 다시 읽고 있었다. 근데 내 사정을……
아직 모르는 모양이구나."

"사정이라뇨?"

"내 딸 말이다."

"에스테르 안톤센?"

"그래, 내 딸인 줄 알고 있었니?"

"아뇨, 몰랐어요. 하지만 제가 왜 박사님한테 전화를 걸었는지 이제
야 알겠어요. 박사님 책상에 따님 사진이 있었거든요. 빨간 액자 말이
에요. 그 사진이 제 기억 속에 남아 있었나 봐요."

"그건 아내 사진이야. 서른 살쯤 되었을 무렵이지."

"정말요? 엄마와 딸이 쌍둥이처럼 닮았네요."

"뭐, 다들 그렇게 말하곤 하지. 자, 이제 말해 봐, 노라. 내가 지금 심
란하기는 하지만, 이럴 때는 오히려 다른 생각을 할 수 있는 이야기를
나눌 사람이 필요하기도 하니까."

"신경 정신과 의사는 일할 때가 아니면 이야기할 사람이 없나 봐
요. ……어쨌든 따님 일은 잘될 거예요. 긍정적으로 생각하셔야 해요,

벤야민 박사님! 슬픔으로 절망에 빠져 있는 건 따님한테 도움이 되지 않아요. 갑자기 박사님의 힘이 필요할 수도 있잖아요."

"네 말이 맞다, 노라. 훌륭한 조언이구나."

"따님이 세계 식량 계획에서 하는 일은 아주 중요해요. 세상에는 그렇게 이상을 추구하는 사람들이 있어야 해요."

이제야 노라는 자신이 무슨 일로 전화를 했는지 떠올랐다.

"인류의 정신병에 관한 대화는 다음으로 미루는 게 좋겠어요. 그때 신기한 꿈 이야기도 해 드릴게요. 제가 꿈속에서 제 증손녀가 된 거예요! 그뿐만이 아니에요. 제가 그 증손녀의 증조할머니로 등장하기도 해요. 아무튼 자세한 건 다음에 다시 말씀드릴게요. 그럴 시간이 있겠죠?"

"암, 있고말고. 아무튼 전화해 줘서 고맙다."

인류 멸망의 시계

노바는 별이 반짝이는 밤하늘 아래, 고요한 숲속 작은 공터에 앉아 있다. 무릎에 작은 단말기를 올려놓고는 지구에서 일어나는 일을 보려고 이리저리 채널을 돌린다. 지구가 파괴되는 현장을 두 눈으로 확인하고 싶었다. 조용한 숲속으로 들어온 것도 그 때문이다. 세상이 어떻게 무너지고 있는지 똑똑히 지켜보아야 한다. 집에서는 계속 이러고 앉아 있을 수가 없다. 누군가 방에 들어와 노바를 보고 이렇게 말할지도 모르니까.

'제발 그만 좀 해! 언제까지 그런 걸 보고 한탄만 늘어놓을 거야?'

노바는 화면을 응시하며 세상의 전환점이 되었던 곳을 찾아 단말기를 계속 조작한다. 원하는 자료는 모두 얻을 수 있다. 현재 진행 중인 자연의 붕괴 모습을 다각도로 보여 주는 앱이 적지 않다. 지금도 지구 곳곳에서 감시 카메라가 작동하고 있다. 빙하가 한참 뒤로 물러간 지역에 드러난, 빙하 끝부분에 쌓인 자갈과 모래 따위로 이루어진 단퇴석이 어떤 모양인지까지도 확인할 수 있다.

노바는 이 카메라 저 카메라로 돌아다니며 아프리카와 아메리카, 아라비아반도, 오스트레일리아에서 사막이 점점 확산되는 상황을 지켜본다. 진실은 가슴 아프다. 노바는 정말로 풍요롭고 아름다웠던 옛 자연의 생생한 영상들을 본다.

곧이어 다양성의 파괴가 어떤 과정을 거쳐 진행되었는지 조금씩 깨닫는다. 뒤이어 지역마다 고유한 특색을 지녔던 자연이 점차 매력을 잃고 서서히 붕괴되는 과정도 화면으로 불러낸다.

조금도 어렵지 않다. 노바의 손가락이 단말기 위에서 능숙하게 춤을 추기만 하면 되는 것이다. 생각해 보면 무척이나 섬뜩한 춤이다.

노바는 전 세계의 모든 뉴스와 기사, 다큐멘터리 영상에 쉽게 접속할 수 있다. 앱은 입력 기준에 따라 여러 가지 자료를 제공하고, 노바는 그중 하나를 선택하면 된다. 온라인 세계에 접속하는 순간, 지구상에 더 이상의 경계는 존재하지 않는다.

노바는 앞뒤로 줌을 움직인다. 단말기는 타임머신과 같다. 이 단말기에는 성능이 뛰어난 스피커까지 달려 있어서, 귀를 통해서도 생생한 느낌을 전달받을 수 있다. 노바는 사람들이 열대 우림의 나무를 베는 장면을 보기만 하는 것이 아니라, 전기톱이 왱왱 돌아가는 소리까지 체감할 수 있다. 또 회오리바람이 무시무시하게 몰아치는 모습을 보면서, 동시에 파도가 거세게 몰아치고 바람이 신음하는 소리를 들을 수 있다.

노바는 세계 인구가 어떻게 줄어들게 되었는지도 알게 된다. 수억명이 굶주림과 기후 재앙의 제물이 되었고, 또 다른 수억 명은 잔혹한 전쟁 때문에 죽어 갔다. 마지막 남은 에너지 자원과 비옥한 땅을 차지하기 위해 벌인 침략 전쟁이었다. 재앙이 시작된 후 인구 수를 정확히 헤아리는 건 불가능해졌다. 어림잡아 십억 명 정도가 줄어든 듯했다.

노바가 단말기로 보는 풍경은 결코 상상의 세계가 아니다. 다만 두세계의 두 가지 좌표, 즉 시간과 공간은 항상 기억하고 있어야 한다. 2060년의 아마존강은 1960년의 아마존강이 아니고, 2080년의 아프리카 세렝게티도 1980년의 세렝게티가 아니다.

노라가 사는 시기도 노바가 사는 시대와 다르다. 2084년 현재 인류 멸망의 시계는 12시 5분 전이 아니라, 이미 12시, 눈으로 봐서는 차이를 알 수 없을 정도로 12시에 가까워져 있다.

노바는 마지막으로 예전 세계에 빠져들어 본다. 지구상에 열대 우림과 사바나, 산호초가 끝없이 펼쳐져 있다. 그러나 이렇게 온전한 생태계는 더 이상 찾아볼 수 없다. 예전의 이런 화려한 모습을 단말기 화면으로만 지켜보아야 하는 건 크나큰 고통이다. 지금의 삭막하고 을씨년스러운 풍경은 마치 지구가 아니라 다른 행성을 보는 듯하다.

노바의 눈에서 눈물이 흘러내린다. 단말기를 끈다. 순간 주변이 칠흑처럼 깜깜해진다. 저 하늘 위 머나먼 곳에서 수천 개의 별이 밤하늘에 자잘한 빛무리를 이루고 있다. 노바는 구름처럼 넓게 퍼진 은하수를 올려다본다. 하늘은 별과 행성으로 가득하다. 지구도 그중 하나일 뿐이다. 하지만 다른 별과 행성은 노바와 아무런 상관이 없다. 너무도 아득하게 떨어져 있으니까.

이지적인 존재가 다른 행성에도 살고 있을까? 어느 날 인간이 지구상에 한 명도 남지 않게 되면 어떻게 될까? 그때가 와도 별과 행성들은 저렇게 우주에 무심히 떠 있겠지. 인간의 존재에 대해선 아무것도 모른 채.

노바는 울지 말자고 스스로를 다독이며 다시 기운을 낸다. 지구에서 일어나는 일을 책임져야 하는 사람에게는 울거나 슬퍼할 권리가 없다. 그리고 무엇보다도, 그럴 여유가 없다.

우주의 상속자

노라는 인질극에 대한 정보를 더 얻으려고 온라인으로 신문 기사를 샅샅이 검색했다. 그러나 아프리카의 뿔 지역에 관한 새 소식은 없었다. 그래서 곧장 노르웨이 라디오 방송과 팟캐스트로 넘어갔다. 팟캐스트에서는 며칠 전에 노라가 라디오에서 들은 적이 있는 강연이 진행되고 있었다. 남자 목소리가 흘러나왔다.

우리는 인류가 그동안 쌓아 온 문화를 고스란히 물려받은 문화 상속자임을 자처합니다. 다른 한편으로는 지구의 생물학적 진화 과정이 만들어 낸 존재이기도 합니다. 그런 면에서는 지구상에 존재한 모든 생물의 유전학적인 상속자이기도 하지요.

지구가 인간을 만들어 내기까지 엄청난 시간이 걸렸습니다. 수치로 말하자면 수십억 년이었죠. 인간을 만들기까지 이렇듯 어마어마한 시간이 필요했습니다. 그런 인간이 지금 위기를 맞고 있습니다. 과연 우리가 세 번째 천 년을 무사히 넘길 수 있을까요?

우리는 3억 5천만 년 전에 바다에서 육지로 기어 올라온 네 발 달린 척추동물의 후손입니다. 나아가 우주의 시간 속에서 보면, 우리는 137억 년 전에 생성된 우주 속에서 살고 있습니다. 우리는 우주를 우리 집처럼 느낄 이유가 충분히 있습니다. 우리가 사는 지구의 나이는 우주 나이의 3분의 1 정도 됩니다. 우리가 속한 척추동물의 나이는 지구와 태양계의 존재 시간에 비하면 약 10분의 1 정도에 해당하지요. 우주는 그리 무한하지 않습니다. 달리 생각하면, 우리는 우주라는 토양에서부터 시작해 차곡차곡 쌓여 온 지층 중 맨 위에 놓인 부식토와 비슷합니다.

전 우주를 통틀어 인간만이 머릿속에 우주를 그려 볼 수 있는 능력을 가진 생명체일지 모릅니다. 만약 그렇다면, 우리 인간에게는 지구의 생명체들을 보존할 전 지구적 책임뿐 아니라 전 우주적 책임까지 있는 셈입니다.

"우리는 우주를 우리 집처럼 느낄 이유가 충분히 있습니다."

노라가 라디오로 강연을 처음 들었을 때 가슴 깊이 와닿은 말이었다. 우주에 다른 생명체가 있건 없건 지구의 생명체는 우주적인 의미가 있고, 인간은 우주를 탐구한다는 점에서 특별한 지위를 차지하고 있는 것이다.

물론 인간은 다른 생명체 없이는 살 수 없다. 예를 들어 박테리아 같이 미세한 생명체마저도 인간의 생존에는 필수적이다. 심지어 지구에서 살아가는 생명체의 순환에 고리 역할을 한다는 점에서 박테리아도 전 우주적 의미가 있다. 우리는 그런 미생물에게 경의를 표해야 한다. 스스로는 잘 모르겠지만, 그들 나름대로 큰 역할을 하고 있는 셈이니까.

노라는 창문 너머로 주유소를 내려다보았다. 화창한 겨울날이었다. 더 늦기 전에 요나스에게 전화를 해야 했다.

요나스는 골짜기 안쪽으로 몇 킬로미터 들어간 곳에 살고 있었다. 둘은 같은 학교에 다니기 시작하면서 알게 되었다. 이 지역의 고등학교는 상당히 넓은 지역까지 학군으로 포함하고 있어서, 저녁에 학생들끼리 모이는 일은 꿈도 꾸기 힘들었다.

올해는 11월 중순부터 스키를 탈 수 있었다. 얼마 전 요나스와 노라는 서로의 집에서 중간쯤 되는 곳을 약속 장소로 정했다. 노라네 가족은 산속에 오래된 오두막을 하나 갖고 있었는데, 둘이 만난 곳도 바로 거기였다. 이번에도 요나스는 거기서 보자고 했다. 오늘이 노라의 열여섯 살을 함께 보낼 수 있는 마지막 날이라고 하면서.

이 말이 노라에게 어떤 연상 작용을 일으킬지 알았다면, 요나스는 아마 다른 말로 노라를 꾀었을 것이다. 그러나 요나스는 까맣게 모르고 있었다. 노라의 머릿속에 우마가 증손녀를 위해 썼다는 그 비밀스런 편지가 떠올랐다는 사실을.

편지는 2013년 12월 12일 이전에 쓴 것이 분명했다. 그렇지 않다면 그 편지는 도착하지 못했을 것이다. 미래에서 증손녀는 검색 한계를 2013년 12월 12일까지로 명확히 정해 놓았기 때문이다.

노라가 말했다.

"급하게 처리해야 할 일이 있어."

"우주적인 의미가 있다는 그 일?"

"맞아, 요나스. 근데 그게 전부는 아냐. 너, 오늘 혹시 뉴스 봤어?"

"응, 너한테 연락이 없길래 잠시 인터넷 검색을 하고 있었지."

"에스테르 안톤센에 관한 기사 봤어?"

"소말리아에서 납치됐다는 여자?"

"응."

"무슨 일을 그렇게 바보같이 한대? 내가 보기에 모가디슈 공항에서 그냥 그렇게 출발하는 건…….”

“에스테르 안톤센은 벤야민 박사님의 딸이야. 방금 박사님이랑 통화했어.”

“벤야민 박사님과 통화했다고? 박사님이 뜬금없이 너한테 전화해서 납치된 사람이 자기 딸이라고 말했다는 거야?”

“아니, 내가 전화했어.”

“왜?”

“그 일 때문에 전화한 건 아니고, 실은 인간의 정신 질환에 대해 좀 알아보고 싶어서. 종으로서의 인간 말이야. 이성적인 존재라는 인간이 어떻게 다른 생명체를 그리도 무시할 수 있는지, 또 우리 후손들에게 어쩌면 그렇듯 무심할 수 있는지 궁금했어. 그런데 생각해 보니까, 내가 박사님한테 전화를 한 건 에스테르 안톤센의 사진을 봤기 때문인지도 모르겠어. 박사님 상담실에서 봤던 사진이 내 무의식 속에 남아 있다가 불현듯 떠올랐던 것 같아. 실제로는 박사님 아내의 젊은 시절 사진이었대. 엄마와 딸이 무척 닮았더라고.”

“노라……, 그 얘긴 나중에 산에서 하면 안 될까? 오두막에서 그 이야기도 하고 뉴스도 찾아보자. 어때? 올 거지?”

노라는 일부러 빼는 척했다.

“한 가지 조건이 있어.”

"뭔데?"

"너희 집에서 오두막까지 8킬로미터야. 스키를 타고 오는 동안 생각해 올 게 있어."

"뭘 생각하라는 거야?"

"내가 풀어야 할 문제가 하나 있는데, 도와줘."

"알았으니까 어서 말해 봐! 너도 알잖아. 널 위해서라면 내가 뭐든지 다 한다는 거."

"우리가 1,001종의 동식물을 어떻게 구할 수 있을지 생각해 와."

"뭐? 우리가 만들 환경 단체하고 관련이 있는 일이야?"

"직접적인 관련은 없어. 다만 꼭 정리해야 할 일이라서 그래. 어젯밤 꿈과 관련된 거야."

"너답다! 근데 왜 하필 1,001종이야?"

노라가 웃었다.

"대략적인 숫자야. 아이들은 엄청나게 많은 수를 말할 때 '1,000'이라고 하는데, 나는 거기다 1을 더한 거지."

"넌 정말로 생각하는 게 독특해. 조금 걱정스러울 정도로."

"그럴지도 모르지. 나도 사실 좀 걱정이 되기는 해. 하지만 박사님은 나한테 아무 이상이 없다고 그랬어."

"그럼 믿어야지."

"어쨌든 만나기 전까지 우리가 동식물 1,001종을 어떻게 멸종 위기에서 구할지 현실성 있는 계획을 세워 와. 그걸 해 오면 내가 계속 사랑해 줄게. 안 그러면 끝이야!"

"그럼 반드시 고민해 봐야겠네. 너와 끝나는 건 생각하기도 싫어."

"나도 끝내고 싶지 않아. 그럴 수도 없을 것 같고. 내가 널 많이 좋아하잖아."

"이제 안심이 좀 된다. 그럼 두 시간 후에 오두막에서 봐."

"잠깐, 기다려!"

"왜?"

"너, 혹시 평행 우주 이론을 믿어?"

"노라, 이제 그만!"

"난 믿어. 내가 평행한 두 세계 속에 살고 있다는 느낌이 강하게 들거든. 그게 아니라면 최소한 다른 차원과 접촉하고 있는 거겠지. 저기 건너편에 있는 뭔가가 나한테 계속 신호를 보내면서……."

"그 이야기는 벌써 했잖아!"

"그래."

"난 네가 그런 말을 할 때마다 무서워."

"다른 차원이 있다는 게 무섭다는 거야, 아니면 저기 건너편에 무엇이 있는지 몰라서 무섭다는 거야?"

"네 머릿속에 여러 현실이 동시에 존재한다는 게 무섭다는 거야."

"아, 그건 걱정하지 마. 무서워할 필요 없어."

"조심해서 와! 그리고 노라, 나하고 있을 때는 우리 둘에게만 좀 더 집중할 수 없겠니?"

"노력해 볼게. 이따 봐!"

"그래, 이따 봐!"

노라는 잠시 방 안에 서서 생각에 잠겼다. 그러자 또다시 다른 세계가 다가왔다. 아득한 미래 세계에서 전송된 미세한 파편 한 조각이.

하늘로 날아간 풍선

　노바는 정원으로 나간다. 손에는 헬륨 가스를 가득 채워 줄에 묶은 풍선 한 다발을 들고 있다. 빨간 풍선 하나하나마다 멸종된 동물이 그려져 있다. 노바는 휴게소로 가서 이 풍선들을 팔 생각이다. 새 단말기를 구입하려고 돈을 모으는 중이기 때문이다. 노바는 기후 난민들이 사자나 고릴라 그림이 그려진 풍선을 아이들에게 하나씩 사 주기를 기대한다.

　정원에는 엄마 아빠가 사다리를 타고 올라가 과일나무에 꽃가루받이를 해 주고 있다. 이제 세상에는 벌이 없다. 그 이유는 여러 가지겠지만, 벌의 개체 수는 이미 백여 년 전부터 줄어들기 시작했다. 그러다 어느 순간, 지구에 벌이라곤 한 마리도 존재하지 않는 날이 오고 말았다. 그래서 수십억 마리의 벌이 하던 일을 사람이 직접 해야 한다. 무척 귀찮고 고단한 일이다.

엄마 아빠가 사다리 위에서 노바에게 손을 흔든다. 둘 다 파란색 전신 작업복을 입고 있는데, 노바가 보기에 엄마는 예쁘고 아빠는 매력적이다.

아빠가 말한다.

"풍선이 아주 멋지네."

"팔기엔 너무 아깝다, 얘."

엄마가 맞장구를 친다.

증조할머니가 큰 쟁반을 들고 정원으로 나온다. 오븐으로 빵을 구운 모양이다. 이게 화학 합성 식품이라는 건 노바도 잘 안다. 합성 식품에 질린 지 오래되었다. 물론 생명 유지에 필요한 모든 영양소가 함유되어 있어서 안 먹을 순 없지만.

우마의 부탁으로 노바는 식탁 차리는 일을 거든다. 탁자에는 빨간 튤립 꽃병이 놓여 있다. 노바는 탁자에서 텅 빈 쟁반을 치우기 전에 풍선 다발을 오른손에서 왼손으로 옮겨 잡는다. 그런데 순식간에 풍선 줄이 손에서 미끄러져 나간다. 눈 깜짝할 사이에 일어난 일이다.

"저기!"

방금 전까지 분명 노바의 손에 들려 있던 풍선들이 노바 머리 위 팔 하나 정도 높이에 떠 있다. 아직은 낚아챌 수 있을 만한 거리다. 노바는 펄쩍 뛰어오르며 풍선을 향해 손을 뻗는다. 그러나 간발의 차이로 놓치고 만다. 높이 날아오른 풍선은 바람에 흩뜨려져 파란 하늘 속으로 빨간 점들이 되어 사라진다.

자연이 베푸는 봉사

두 가지 가능성이 있었다.

하나는 먼 미래에서 일어난 많은 사건들이 모두 간밤의 꿈인데, 노라가 잠자리에 든 어젯밤과 잠에서 깨어난 오늘 아침 사이에 진주 목걸이처럼 한 줄로 꿰어진 것이다.

다른 하나는 노라의 꿈이 과거에 꾸었던 수많은 꿈 중의 하나인데, 단지 그걸 오늘에서야 기억하게 되었다는 것이다. 우마와 진홍빛 루비 반지 꿈은 지난밤에 꾼 것이 분명했다. 한창 꿈을 꾸다가 소방차의 사이렌 소리를 듣고 잠에서 깨어났으니까.

어느 것이 현실적으로 더 가능성이 있을까? 어느 것이 더 납득하기

쉽고 어느 것이 더 어려울까?

물론 제3의 가능성도 있었다. 자신이 꿈꾼 모든 것이 실제일 수도 있다. 노라는 세 번째 가능성도 배제하고 싶지 않았다. 어쩌면 먼 미래에 노라는 증손녀와 함께 살지도 모르니까. 세상에는 인간이 이해하지 못할 일들이 많이 일어난다. 예를 들어, 시간만 봐도 그렇다. 시간이 무엇일까? 명확하게 아는 사람이 있기는 할까?

한 가지는 분명했다. 꽃가루받이를 하던 노바의 엄마 아빠는 노라의 부모님과 전혀 닮지 않았다. 노라가 지금껏 봤던 누구와도 비슷하지 않았다. 노바의 엄마만큼 아름다운 사람을 마주한 건 처음이었다. 노바의 아빠도 마찬가지였다. 노라는 여태껏 그처럼 매력적인 남자를 만나 본 적이 없었다.

알지도 못하는 두 사람을 이처럼 생생하게 만들어 낸다는 건 쉬운 일이 아니라는 생각이 들었다. 그림을 그릴 수 있다면 노바의 엄마 아빠 얼굴을 아주 세밀한 부분까지 그대로 옮겨 놓을 수 있을 정도였다. 거리에서 만나면 즉시 알아보고 쪼르르 달려가 인사를 할 것만 같았다. 아무튼 노바의 아빠든 엄마든 한쪽은 분명히 노라의 손주임이 분명했다.

노라의 머릿속에 노바가 인터넷에서 찾았던 편지가 다시금 떠올랐다. 우마가 노바만 할 때 미래의 증손녀에게 썼던 편지인데, 그 우마가 바로 지금의 노라였다. 생각이 여기에 미치자, 노라는 뭐가 뭔지 헷갈려서 머리가 어지러웠다.

현실과 꿈! 어느 것이 현실이고, 어느 것이 꿈일까?

노라는 욕실에서 문득 예전에 겪었던 일이 떠올랐다. 한번은 엄마가 줄자를 들고 정원 여기저기를 바삐 돌아다니고 있었다. 노라는 엄마한테 뭘 하느냐고 물었고, 엄마는 작은 수영장을 만들 계획이라고 대답했다. 생각보다 돈이 적게 들 거라면서 벌써 비용 계산까지 끝마쳤다는 것이다.

그 말을 듣고 노라는 조금씩 걱정이 되기 시작했다. 아무리 둘러봐도 정원에는 수영장을 만들 만한 공간이 없었기 때문이다. 그래도 엄마는 충분하다고 고집을 피우며 다시 한번 줄자로 치수를 재었다.

수영장을 만들려면 과일나무를 베어 내야 했다. 장미와 까치밥나무도 뽑아야 했다. 한 모퉁이에 자리 잡고 있는 벌통도 마찬가지 신세였다. 아빠 말로는 양봉도 곧 그만둘 거라나 뭐라나.

"노라야, 여름은 짧아. 해가 뜨거울 때 수영장에 들어가 있으면 얼마나 시원하겠니? 건강에도 좋을 테고."

아빠가 말했다.

잔디밭의 자그마한 탁자 둘레에는 하얗게 칠한 긴 의자와 등받이

의자가 놓여 있었다. 노라는 엄마를 손짓해 불렀다. 엄마는 순순히 의자에 와서 앉았다.

노라는 엄마 맞은편에 자리를 잡았다.

"엄마, 수영장 만드는 비용을 계산할 때 해마다 정원에서 얻는 다른 이익을 포기해야 한다는 사실도 생각해 보셨어요? 수영장을 만들면 정원에서 자라는 배와 자두, 버찌, 까치밥나무 열매는 앞으로 먹을 수 없어요. 그것까지 포함해서 비용을 다시 뽑으셔야 할 것 같아요. 그리고 저는 상관없지만, 엄마 아빠는 정원에 장미가 없어도 괜찮으실까요?"

노라는 자연이 우리에게 아름다움만 주는 게 아니라, 얼마나 많은 봉사를 하는지 구구절절 늘어놓았다. 그렇다, 그건 봉사였다. 자연의 봉사!

마지막으로 노라는 클로버 꽃이 피는 지금의 잔디밭이 참 좋다고, 그리고 정원을 산책하고 있으면 마치 자연의 일부가 된 듯한 느낌이 들어서 풍요로워진다고 하면서 이렇게 덧붙였다.

"엄마, 전 앞으로도 배나무에 올라가 놀고 싶어요."

그 뒤로 수영장 이야기는 쑥 들어가 버렸다.

휘발유 한 통과
전기톱 하나

노바는 강을 따라 걷는다. 꽃가게에서 산 것으로 보이는 빨간 튤립 꽃다발을 들고 있다.

갑자기 강 건너편에서 '픽', '픽' 하는 소리가 크게 들려온다. 다시 같은 소리가 이어진다. 노바는 얼른 걸음을 재촉한다. 나무 찍는 소리가 들리는 쪽은 언덕 위 소나무 숲이다. 소나무 한 그루가 넘어지는 것이 보인다. 얼마 뒤 또 다른 나무가 쓰러진다.

노바는 좁은 길을 따라 언덕에 도착한다. 여기 어딘가에서 도끼질 소리가 들려왔는데……. 곧이어 파란색 작업복을 입은 한 무리의 남자들이 보인다. 모두 도끼를 들고 나무를 내리치고 있다. 스무 명쯤

될 듯하다. 다들 2미터는 족히 되는 듯한 키에 몸무게는 100킬로그램 가까이 되어 보인다.

그들 가운데 한 남자는 술 달린 빵모자를 쓰고 있다. 일꾼들의 우두머리일까? 노바는 그 남자에게 걸어가 하얀 얼굴을 빤히 바라본다. 남자의 눈은 제비꽃처럼 파랗다. 남자는 노바를 보더니 도끼 든 손을 잠시 멈춘다.

노바가 묻는다.

"여기서 뭐 하시는 거예요?"

남자는 이마의 땀을 닦으며 대답한다.

"나무를 베고 있잖아."

"왜요?"

남자가 웃는다. 노바의 순진한 질문을 재미있어 하는 눈치다. 그러나 퉁명스럽지는 않다.

"여기다 풍력 발전소를 지을 예정이야. 그러려면 나무를 베어야겠지? 나무를 베는 대신 풍력 발전소를 짓는 거니까, 환경에는 플러스마이너스 제로인 셈이지. 안 그래, 꼬마 아가씨? 계산은 아주 간단해."

"그렇다 해도 우리 곁에서 숲이 사라지는 건 안타까운 일이에요."

남자가 다시 웃음을 터뜨리더니 빨간 튤립을 본다.

"뭔가 다른 문제 때문에 찾아온 것 같은데?"

"그게 무슨 말이에요?"

"이 작업이 얼마나 걸리는지 물어보고 싶은 거 아냐?"

"그래요, 작업이 끝나는 데 얼마나 걸려요?"

남자가 손가락을 치켜세우고 무언가를 세어 본다.

"올해는 봄이 좀 일찍 왔지. 게다가 우린 스무 명이나 되고, 날카로운 도끼까지 하나씩 들고 있어. 그렇다면……, 크리스마스 시즌까지는 끝낼 수 있지 않을까?"

노바는 고개를 끄덕인다.

"그럼, 미리 인사할게요. 메리 크리스마스!"

노바는 남자에게 빨간 튤립 꽃다발을 건네며 덧붙인다.

"받으세요. 이건 아저씨 거 같네요."

남자가 정중하게 허리를 숙이며 인사한다.

"그럼, 나도 고맙다고 인사해야겠네. 재미있는 산수 문제 하나 더 듣지 않을래?"

노바는 무슨 말이냐는 듯 남자의 파란색 눈을 들여다보며 동의의 뜻으로 고개를 끄덕인다.

"휘발유 한 통과 전기톱 하나만 있으면 이런 일은 나 혼자서도 이틀이면 끝낼 수 있어."

생명 있는 것은
다 아름답다

노라는 새 스마트폰을 파란색 점퍼 앞주머니에 넣고 신문 기사 스크랩과 인쇄물이 든 상자 두 개로 시선을 돌렸다. 잠시 고민을 하다가 상자 속 내용물을 비닐봉지 두 개에 담아 돌돌 만 뒤 점퍼 앞주머니에 쑤셔 넣었다. 그러고는 오른쪽 어깨에 스키를 메고, 왼손에는 스키 스틱을 들고 주유소 쪽으로 걸어갔다.

주유소 세차장 앞에 중형차 한 대가 시동도 끄지 않은 채 멈추어서 있었다. 노라가 눈더미에 스키를 기대어 두고 자동차 쪽으로 걸어가려는 순간, 노란 외투를 입은 여성 운전자가 쪼르르 달려왔다. 한 손에는 소시지를, 다른 손에는 잡지를 들고 있었다. 노라는 여자의 등 뒤에다 대고 소리쳤다.

"조금만 더 늦게 왔으면 내가 엔진을 끄고 자동차 키를 눈 속에 던져 버리려고 했어요!"

노라는 스키를 착용하고 산으로 향했다. 그러면서 속으로 외쳤다.

'우리가 지구를 망가뜨리고 있어. 지금 우리가 그러고 있다고. 몇십 년 뒤에는 석유 한 통을 못 구해서 도끼로 나무를 베어야 할 거야!'

며칠 전, 노라는 산속 오두막의 열쇠를 하나 더 만들었다. 요나스가 자기보다 먼저 도착하면 문을 따고 들어가서 기다릴 수 있도록 하기 위해서였다. 오늘은 과연 누가 먼저 도착할지 은근히 기대가 되었다.

요나스네 집에서 오두막까지는 8킬로미터였다. 노라네 집에서는 그 절반 정도인 5킬로미터였지만, 요나스는 노라보다 스키를 잘 탔다. 노라가 내준 숙제를 머릿속으로 생각하면서 온다 해도 평소보다 늦을 것 같지는 않았다. 아니, 어쩌면 그 반대일지도 몰랐다. 오히려 생각에 빠져 있다가 금세 목적지에 도착할지도 몰랐다.

요나스에게는 문제를 풀어 오라고 해 놓고서, 정작 노라는 스키를 타고 가는 내내 소말리아 인질극에 대해서만 생각했다. 스마트폰을 주머니에 넣기 전에 인터넷으로 다시 한번 뉴스를 확인했고, 관련 정보도 잠시 검색했다. 그중에는 외국 어선들이 소말리아 앞바다에서 불법으로 조업하면서 해적들이 빈번하게 출몰하게 되었다는 기사가 있었다.

유럽 연합 국적의 어선들이 오래전부터 소말리아의 어장을 불법으로 약탈해 매년 수억 달러씩을 벌어들였다는 것이다. 참다못한 소말리아 정부가 해적을 막기 위해 투입된 군함들로 불법 조업 어선들을 단속해 달라고 유엔에 요청했을 정도이다.

다른 기사에는 케냐가 소말리아 앞바다에서 불법 석유 시추 계획을 수립했고, 이에 대해 소말리아 정부가 격렬히 항의했다는 내용이 있었다. 유엔 해양법 협약에 따르면 그 지역은 대부분 소말리아 영토였다.

인질범에 대한 새 소식은 딱히 없었다. 그건 곧 인질범들이 아직 아무런 요구를 하지 않았다는 뜻이기도 했다. 인질극에서 흔히 볼 수 있는 전형적인 행동이었다.

노라는 눈 위를 길게 미끄러지면서 마지막 농장이 있는 곳을 지나쳤다. 그런데 맨 마지막 농장의 녹색 우편함 앞에서 최면에 걸린 것처럼 멈추어 섰다.

이런 녹색 우편함을 어디서 봤을까? 꿈에서? 아니면 꿈에서는 우편함이 아니라 자동판매기였던가? 정확하게 기억이 나지 않았다. 지난밤에 꾼 많은 꿈들 가운데 기억나지 않는 이야기가 아직 많이 남은 것 같았다. 하긴 이제 겨우 낮 12시였다.

노라는 리아발트 숲에 이르렀다. 꿈속에서 노바가 단말기를 들고 별빛 아래 앉아 있었던 바로 그곳이었다. 노라는 여기서 잠시 숨을 돌리기로 마음먹었다. 이 숲에는 노라만 아는 작은 은신처가 있었다. 겨울철에도 밖에선 전혀 보이지 않는 은밀한 공터였다. 마을의 불빛과 스키 활강장의 휘황찬란한 조명도 미치지 않는 곳이었다.

노라는 때때로 은신처의 깊은 어둠 속에서, 노바가 그랬던 것처럼 우주의 밤하늘을 올려다보곤 했다. 그러고 있으면 지구에 살고 있다는 사실에 가슴이 먹먹해져서 숨이 멎을 듯했다.

저 우주를 다 합친 것보다 이 행성에서 살아가는 하나의 생명체가 더 감동적이지 않을까? 작은 다람쥐 한 마리가 우주의 블랙홀보다 훨씬 더 짜릿하지 않을까? 토끼나 여우 한 마리가 저 생명 없이 반짝이는 초신성보다 더 소중하지 않을까?

노라는 혼자 있고 싶을 때면 가끔 낮에도 리아발트 숲을 찾았다. 한번은 요나스와 다툰 적이 있었다. 요나스가 노라에게 있지도 않은 헛것을 보는 '환각 상태'라고 말했던 것이다. 그 이야기를 들은 노라는 가슴이 하도 아파서 혼자 이 공터로 숨어들었다.

꿈속에서 노바가 작은 단말기를 들고 앉아 있었던 곳도 바로 여기였다. 정확히 말하자면, 노바는 칠십이 년 후 이 자리에 앉아 있을 것이다. 그런데 노바가 이곳을 혼자만의 은신처로 선택한 것이 우연일까? 그럴 리 없다.

어쩌면 우마가 노바를 한 번쯤은 이곳에 데려왔을지도 모른다. 어쨌든 노라는 자신이 언젠가 정말 '노바'라는 소녀의 증조할머니가 된다면, 증손녀에게 이 은신처를 꼭 보여 주리라고 마음먹었다.

노라는 생각이 다시 제자리를 빙빙 도는 것 같았다. 갑자기 웃음이 터져 나왔다. 어찌나 웃음소리가 컸던지, 관목 밑에 숨어 있던 뇌조 몇 마리가 화들짝 놀라 하늘로 날아올랐다.

곧 노라는 걸음을 재촉해 십오 분 후 고원에 도착했다. 장엄한 협곡에 겨울 햇살이 따갑게 쏟아졌고, 앞에는 헐벗은 겨울 산이 펼쳐져 있었다.

자작나무 숲의 미로

늦가을이다. 노바는 빨간 목도리를 두르고 산속 낡은 오두막으로 이어지는 좁은 길을 따라간다. 등 뒤에는 자작나무로 뒤덮인 가파른 비탈이 있다. 노바는 막 고원에 도착한다.

이젠 여기도 자작나무가 빽빽이 자란다. 예전에는 황량한 고원 지대였지만, 그사이 횅하던 땅에 울창한 자작나무와 버드나무 숲이 만들어져서 아래로는 협곡이, 위로는 산꼭대기가 보이지 않을 정도다.

하지만 노바는 자작나무 숲 뒤 어딘가에 이끼와 지의류로 뒤덮인 높은 산이 있다는 걸 안다. 물론 사람들이 고대 신화나 전설에 대해 이야기할 때처럼 누군가에게 들어서 막연하게 아는 것뿐이지만.

노바는 꼬불꼬불한 오솔길을 통해 고원까지 올라갈 수 있을 정도로 이곳 지리에 밝다. 언젠가는 오솔길을 죄다 걸어 다니며 직접 길을 익혀 볼 생각도 하고 있다.

어쨌든 하얀 자작나무 사이를 지나가는 건 기분 좋은 일이다. 나뭇잎과 에리카 잎이 울긋불긋 빛난다. 게다가 올해는 월귤나무 열매가 숲길 바닥을 양탄자처럼 가득 채우고 있다.

노바는 경쾌하게 걷는다. 마치 바닥에서 몇 밀리미터쯤 붕 떠 있는 느낌이다. 갈림길에 이르자 곧장 방향을 바꾼다. 오두막은 다음에 가도 되니까.

노바는 자작나무 숲길을 좋아하는 자신이 좀 부끄럽다. 이 산에 원래 뿌리를 내리고 살던 토종 동식물이 모두 없어지고 나서 이 자작나무 숲이 생겼기 때문이다.

여름이면 소와 양, 염소를 방목하던 전통적인 산악 지대는 이미 오래전에 없어졌다. 노바는 자작나무 숲의 미로 같은 오솔길이 만들어지기까지 얼마나 큰 대가를 치렀는지 잘 알고 있다. 심지어 지금도 다른 여러 지역에서는 주기적으로 발생하는 가뭄과 기아, 기후 재앙을 고스란히 겪고 있으니까.

그래도 노바는 빽빽한 숲이 주는 장엄한 풍경에 푹 빠져서 정처 없이 걷는다. 마치 자신이 숲의 일부가 된 기분이다. 얼마간 오솔길을 걷다 보니 빨갛게 칠한 작은 초소가 나타난다.

군인이 바리케이드 앞에 엄숙한 표정으로 서 있는 모습을 보면 속으로 살짝 겁이 난다. 하지만 누가 뭐래도 여긴 노바의 숲이고, 노바는 여기서 통용되는 규칙을 잘 알고 있다.

군인은 노바에게 단말기를 보여 달라고 한다. 보여 주지 못할 이유가 없다. 노바는 군말 없이 단말기를 건넨다. 군인은 화면을 보면서 빠른 속도로 인터넷 망을 검색한다. 마치 몇 초 안에 웹사이트 백 개는 찾아낼 것 같은 속도다.

군인은 곧 별말 없이 단말기를 돌려주고 바리케이드를 열어 노바를 통과시킨다.

후손이 내리는
우리에 대한 판결

노라는 오두막 문을 열었다. 현관 앞까지 차고 매서운 바람이 거세게 불었다. 서둘러 난로에 불을 피우고 찻물을 끓였다. 요나스가 자기보다 늦게 오는 것에 약간 화가 났다.

오두막에 혼자 있을 때면, 뭐라고 딱 설명하기는 어렵지만 보이지 않는 친구들과 함께 있는 것 같은 느낌을 받았다. 보이지 않는 친구들의 웅웅대는 목소리가 머릿속에서 울릴 때도 여러 번 있었다. 그러면 노라는 가끔 크고 또렷한 목소리로 이렇게 외쳤다. "아냐! 그 의견에 찬성할 수 없어." 혹은 "맞아! 내 생각도 똑같아!"라고.

그럴 때면 노라의 목소리가 얼마나 큰지 오두막 앞마당에서 놀고 있던 작은 새들이 놀라 도망치곤 했다. 마침 그때 오두막 앞을 지나가는 사람이 있었다면, 노라가 누군가와 대화를 하고 있다고 생각했을 것이다.

오늘도 그랬다. 어느 순간, 노라는 이렇게 외치고 있었다.

"에스테르! 무슨 일이 있는 거죠?"

노라는 재빨리 주머니에서 스마트폰을 꺼냈다. 산 위에서도 수신 상태는 좋았다. 노라는 얼른 즐겨 찾는 웹사이트로 들어갔다. 이번에는 새 소식이 많이 올라와 있었다. 심지어 속보도 있었다.

소말리아 인질범에게 붙잡혀 있던 두 명이 석방되어, 세계 식량 계획 관계자들의 보살핌을 받고 있는 것으로 알려졌다. 노르웨이 출신의 자원봉사자 에스테르 안톤센 씨만 가뭄과 전쟁으로 황폐화된 아프리카의 뿔 지역에 여전히 억류되어 있다.

……석방된 사라 헤임즈와 알리 알하미드 씨가 전해 준 인질범들의 요구 조건에 따르면, 노르웨이 스타토일사가 소말리아 해역에서 진행 중인 불법 석유 시추 사업에서 손을 떼기로 약속하면 에스테르 안톤센 씨도 석방할 것이라고 한다. 인질범들은 케냐에서 추진하는 시추 사업을 불법으로 규정하고…….

더는 읽을 필요가 없었다. 노라는 바로 전화번호를 눌렀다. 잠시 뒤, 벤야민 박사가 전화를 받았다.

"벤야민입니다."

"노라예요. 괜찮으세요?"

"아, 노라구나. 오래 통화할 수 없어. 전화 올 데가 많아."

"잠깐만요! 강해지셔야 해요. 부정적인 생각은 버리시고요. 일단 휴대폰을 들고 밖으로 나가서 좀 달리세요. 머리를 맑게 할 필요가 있어요. 어서 밖으로 나가세요!"

"넌 참 희한한 아이구나. 그래, 아무튼 고맙다."

노라는 하릴없이 앉아서 아랫입술만 깨물고 있기는 싫었다. 그래서 신문 기사와 인쇄물이 든 비닐봉지를 점퍼 주머니에서 꺼냈다. 처음엔 그냥 낡은 궤짝 위에 놓아두었다가, 곧 내용물을 탁자에 펼쳐 놓았다. '지금 세상의 모습은?' 상자 속에 있던 내용물을 한쪽 끝에, '우리는 무엇을 해야 하는가?' 상자 속에 있던 것은 다른 쪽 끝에 놓았다.

노라는 틈틈이 창가로 가 요나스가 오는지 살펴보았다. 창가에 바짝 붙어 오른쪽으로 눈을 돌리면 남서쪽 방향으로 수 킬로미터까지 훤히 볼 수 있었다. 요나스가 오는 방향이었다. 그러나 텅 빈 땅에서는 그 어떤 움직임도 눈에 띄지 않았다. 시야가 닿는 맨 끝 부분인 가파른 협곡에서도 움직임은 전혀 찾아볼 수가 없었다.

노라는 에스테르가 밧줄에 묶인 채 어두운 방 진흙 바닥에 얼굴을 대고 누워 있지 않기를 바랐다. 하지만 머릿속에는 자꾸 그런 장면만 선명하게 떠올랐다.

나쁜 생각을 지워 버리려면 믿음이 필요했다. 그래서 에스테르가 인질범에게 좋은 대우를 받고 있다고 믿기로 마음먹었다. 또 스타토 일사가 최대한 빨리 인질범들의 요구 조건을 들어주기를 희망했다. 만일 석유 회사가 조치를 취하지 않는다면 내일이라도 당장 자신이 만든 환경 단체를 동원해 행동에 나설 생각이었다.

우연인지 모르겠지만, 탁자 위 신문 기사 가운데 믿음과 희망의 문제를 다룬 기사가 있었다. '지금 세상의 모습은?' 상자에서 꺼낸 기사였다.

권위 있는 이론에 의하면, 우주는 137억 년 전에 생성되었다. 이것은 '빅뱅'이니 '태초의 대폭발'이니 하는 말로 표현되지만, 우주의 탄생을 성급하게 만물의 시작으로 여겨서는 안 될 것이다. 우주 '이전'에, 혹은 우주의 '배경'에 무엇이 있는지는 누구도 설명할 수 없다. 세계는 엄청난 수수께끼로 가득 차 있기 때문이다. 인간의 머리로는 도저히 이해할 수 없는 깊은 근원에 대해 절로 고개를 숙일 뿐이다.

우주의 밤하늘을 들여다보는 것은 우리 이성의 한계를 깨닫는 것과 마찬가지다. 이성의 한계 너머에는 무한한 믿음의 가능성이 존재한다. 지구에 사는 인간들은 믿음을 가질 수도 있고 구원에 대한 희망을 가질 수도 있다. 하지만 새로운 하늘과 땅이 우리를 기다리고 있으리라는 기대는 확실한 게 아니다. 게다가 초월적 힘이 언젠가 우리에게 최후의 심판을 내리리라는 예상도 의심스럽긴 마찬가지다.

다만, 분명한 건 언젠가 우리 후손이 우리에 대한 판결을 내릴 것이라는 사실이다. 만일 우리가 후손들에 대한 배려 없이 우리 편한 대로만 행동한다면 그들은 결코 우리를 용서치 않을 것이다.

'우주의 밤하늘을 들여다보는 것은 우리 이성의 한계를 깨닫는 것과 마찬가지'라니. 그럼, 지구 바깥의 우주를 들여다보는 것이 우리 내면을 살펴보는 것과 같다는 말일까?

노라는 이 말이 신비스럽게 다가왔다. 인간의 마음속 깊은 곳에 있는 수많은 수수께끼와 지구 바깥의 우주에 숨어 있는 수수께끼들 사이에는 어떤 연관이 있을까?

값싼 기후 증명서 놀이

굵은 빗줄기가 후드득 쏟아진다. 노바는 목 긴 장화를 신은 채 빨간 우산을 들고 걸어간다. 식료품을 사려고 가게에 가는 길이다. 얼마 전부터 요리에 필요한 음식 재료 중에 간당간당한 것들이 많다.

가게 앞에는 작은 가판대가 설치되어 있다. 여기서 이런 건 처음 본다. 덥수룩한 흰머리에 회색 가운을 입은 남자가 알록달록한 카탈로그를 잔뜩 쌓아 놓고 가판대 뒤에 서 있다.

조금 더 다가가 보니, 여행 안내서다. 반짝거리는 컬러 사진을 보니 금방 만든 새것처럼 보인다. 그러나 모두 옛날에 만들어진 것들이다. 요즘은 이런 여행 안내서를 만들지 않는다. 가판대 지붕 밑에는 파란색 현수막이 걸려 있고, 거기에는 '값싼 기후 증명서'라고 적혀 있다.

노바는 안내서 하나를 집어 든다. 하얀 해변과 눈부시게 푸른 수영장 사진이 노바를 유혹하는 듯하다. 흰머리 남자가 상냥하게 웃는다. 가게의 차양 덕분에 두 사람은 우산이 없어도 비를 맞지 않는다. 흰머리 남자는 노바가 들고 있는 어마어마하게 큰 우산이 퍽이나 신기한 모양이다.

남자가 말한다.

"해변에서 느긋하게 햇볕을 쬐는 휴가도 이젠 다른 세상 이야기지. 안 그래, 아가씨? 대신 여기에선 기후 증명서를 팔아."

노바는 안내서를 내려놓고 가판대를 가리킨다.

"이 안내서들은 최소한 사십 년은 됐을걸요."

"정확해!"

"진짜 여행을 팔지 않으면 진짜 증명서도 필요 없어요."

남자가 깜짝 놀라 노바를 바라본다. 모욕을 받은 듯한 눈치다.

"누가 이 증명서들이 진짜라고 그러디? 이게 놀이라는 건 너도 잘 알잖니?"

남자가 두툼한 서류 묶음에서 서식 용지 한 장을 찢더니 주머니에서 빨간 색연필을 꺼내 들고 묻는다.

"이름이 뭐니?"

"노바예요."

남자는 서식 용지의 빈칸을 채워 노바에게 건넨다.

〈기후 증명서〉

노르웨이 오슬로에 거주하는 노바에게 스페인의 알리칸테나와 이탈리아의 나폴리까지 2인 항공 여행에 드는 이산화 탄소 1톤의 배출을 허가한다.

노바는 종이를 한번 보고 다시 남자에게로 눈을 돌린다.

"전 여행을 떠날 마음이 없어요."

남자는 고개를 끄덕인다.

"그래서 이 증명서는 공짜야. 물론 네가 진짜 이산화 탄소 1톤을 배출할 계획이라면 그에 해당하는 돈을 내야 해. 지구의 대기권을 이산화 탄소로 시큼털털하게 만들면서 그 대가를 치르지 않으면 안 되겠지?"

"당연하죠."

"좋아, 이제 네가 놀이 규칙을 제대로 이해한 것 같구나. 네가 가고 싶은 거리만큼 기후 증명서를 산다면 어디든 양심의 가책 없이 여행할 수 있어. 이건 지극히 단순한 수학적 계산에 기초한 것이거든."

그래도 노바는 이 놀이의 논리를 이해할 수 없다.

"그럼, 필요한 만큼 증명서를 사면 환경에 부담을 주지 않고 여행을 할 수 있다는 뜻이에요?"

흰머리 남자가 고개를 끄덕인다.

"맞아, 그러면 너는 '기후 중립적'으로 여행을 하게 돼. '기후 부정적'으로 여행하는 것보다는 훨씬 낫지. 가격에 따라 큰 차이가 있어. 가격은 1~200유로까지 다양하단다."

노바는 다시 한번 화려한 사진들을 찬찬히 살펴본다. 야자수와 해변은 뿌리치기 어려운 유혹이다. 수많은 카탈로그 위에 '할인', '대박 할인' 혹은 '겨울철 초대박 할인'이라고 적혀 있다. 노바는 다시 흰머리 남자를 바라본다.

"그럼 제가 증명서를 필요한 만큼의 두 배로 사는 게 제일 좋겠네요. 그래야 기후에도 더 좋을 테니까요. 그렇게만 하면 미친 사람처럼 세상을 돌아다녀도 괜찮은 거죠? 안 그래요?"

남자는 생각에 잠긴다. 속으로 계산을 하는 모양이다. 그러나 곧 고개를 끄덕이더니 확신에 차서 말한다.

"앞서 말한 단순한 수학적 계산에 따르면 그렇게 돼. 그러면 넌 '기후 긍정적'으로 여행하는 거야. 여행을 많이 할수록 환경에는 더 좋은 셈이니까. 주말여행을 몇 번만 다녀와도 넌 대기권에 있는 유해 가스를 상당량 없애는 게 되지. 거기다 면세점도 이용할 수 있고. 상상만으로도 멋지지 않니?"

노바는 우산을 펴고 몸을 휙 돌린다. 그 바람에 거대한 우산에 붙어 있던 빗방울이 가판대의 여행 안내서로 흩뿌려진다. 이게 고의인지 실수인지 노바 자신도 확신이 서지 않는다. 어쨌든 흰머리 남자에게 얼른 허리를 숙인다. 또다시 아름다운 카탈로그 위로 우산의 물이 쏟아진다.

노바는 미안해하는 몸짓을 하며 말한다.

"죄송해요! 이게 다 지랄 맞은 기후 때문이에요."

마법의 루비 반지

노라는 다시 창가에 섰다. 드디어 멀리서 무언가 움직이는 물체가 보였다. 아주 쪼그만 빨간 벼룩 같았다. 대지 깊숙이 가라앉은 채 눈부시게 빛나는 12월의 태양만 아니면 좀 더 쉽게 확인할 수 있을 텐데!

노라는 망원경을 들고 밖으로 나가 계단 위에 섰다. 맞다. 요나스였다. 빨간 스키복을 입은 사람이 이쪽으로 오고 있었는데, 저렇게 빨리 스키를 타는 사람은 요나스밖에 없었다.

십 분 뒤 현관 앞에 도착한 요나스는 금방이라도 숨이 넘어갈 듯 헐떡거렸다. 입에선 하얀 김이 뭉게뭉게 뿜어져 나왔다. 노라는 요나스의 머리에서 귀마개가 달린 파란 모자를 벗기고는 한 팔로 목을 감싼 채 입을 맞추었다. 요나스도 노라를 바짝 끌어안았다. 그러나 여전히 가쁜 숨을 몰아쉬느라 힘들어 했다.

"여기……, 여기 온 지……, 오래됐어?"

요나스가 물었다.

"네가 보고 싶어지기 시작할 만큼."

"혼자야?"

노라가 웃었다.

"물론. 오늘은 눈에 안 보이는 친구들도 주위에 없어. 아쉽게도 오는 도중에 숲속의 도깨비나 괴물도 만나지 못했고."

요나스는 여전히 숨이 차는 모양이었다.

"인질극에 대해……, 더 알아낸 거라도……, 있어?"

노라가 스마트폰을 꺼내더니 자신이 읽은 기사를 찾아 요나스에게 보여 주었다. 요나스가 읽는 동안 노라가 말했다.

"벤야민 박사님이랑 통화했어. 상태가 안 좋아 보였어. 그래서 힘을 드리고 싶었는데."

"어떻게?"

"밖으로 나가 동네를 한 바퀴 뛰라고 했어. 그게 문제를 해결해 주지는 못하겠지만 잠깐이나마 숨을 돌리게 해 줄 테니까."

요나스는 숨을 고르게 쉴 수 있게 되자, 노라의 머리를 두 손으로 잡고 얼굴에 키스를 퍼부었다.

"난 항상 너를 훌륭한 심리 상담사라고 생각해 왔어."

노라가 요나스를 빤히 바라보았다.

"항상? 아니면 석 달 전부터?"

"상관없어. 난 널 예전부터 쭉 알고 있었던 것 같은 느낌이니까."

그제야 요나스는 노라를 놓아주었다. 그러나 노라의 눈에서 시선을 떼지 않았다. 노라는 요나스가 가만히 서서 자신의 눈을 들여다보는 것이 좋았다. 그러다 시간이 제법 흐르면 둘 중 하나가 웃기 시작했고, 동시에 다른 한 사람도 더는 참지 못하고 따라 웃었다.

요나스는 탁자에 놓인 신문 기사와 인쇄물을 보았다. 노라가 환경 단체를 꾸릴 때 필요한 자료였다. 요나스에게 보여 주려고 열심히 수집한 것이었다.

노라가 말했다.

"네가 뭘 갖고 왔을지 기대돼."

요나스는 싱긋 미소를 지었다. 노라는 요나스가 자신을 실망시키지 않을 거라는 느낌이 들었다.

"그렇다고 널 괴롭힐 생각은 없어. 먼저, 내가 너한테 왜 그런 숙제를 냈는지 설명할게."

"어젯밤에 꾼 꿈 때문 아냐?"

요나스가 다시 안으려고 하자 노라가 슬쩍 피했다. 이야기가 우선이었다.

"정말 믿기지 않는 황당한 꿈을 꾸다가 깼어. 그 꿈은 네가 풀어야 할 숙제와도, 아프리카의 뿔 지역의 가뭄과도 관련이 있어. 무슨 말인지 알겠니?"

"모르겠어. 계속 얘기해 봐."

요나스는 창문을 등지고 긴 의자에 털썩 주저앉았다. 노라는 손짓을 해 가며 열렬하게 이야기를 이어 갔고, 요나스는 그런 노라를 신기하게 바라보았다.

"내가 몇 세대 후의 미래에 사는 꿈이었어. 석유 시대 이후의 미래였는데, 화석 연료는 거의 고갈된 상태였지. 화석 연료 속의 이산화 탄소도 대기권으로 모두 나와 버렸고. 거기다 열대 우림에 불까지 나면서 이산화 탄소 농도가 급격하게 높아졌어. 그뿐만이 아냐. 시큼한 가스는 바다로 스며들어 해양 생태계도 파괴해 버렸지."

"혹시 전날 과학 수업을 들었던 건 아냐?"

요나스가 중간에 끼어들었다. 노라는 기분이 나쁘지 않았다. 오히려 요나스가 곁에 있어서 좋았다. 하지만 경고하는 차원에서 낮은 목소리로 말했다.

"난 지금 너한테 아주 복잡한 꿈 이야기를 하고 있어. 그러니까 내

이야기를 잘 들어 봐! 지구 온난화로 열대 지방은 사막으로 변했고, 그 과정에서 과도한 양의 이산화 탄소가 대기권으로 쏟아져 나왔어. 생물들은 셀 수 없이 멸종되었고, 유인원도 거의 자취를 감추었지. 예를 들어 마다가스카르섬의 여우원숭이는 세 마리밖에 남지 않았어. 게다가 벌 같은 곤충도 거의 멸종되었고. 그 바람에 인간은 재배 식물의 꽃가루받이를 직접 손으로 해야 하는 상황에 이르렀지. 자연의 질서는 완전히 무너졌고, 생태계는 유례없이 폭력적인 방식으로 파괴되었어. 기후 재앙으로 세계 인구까지 엄청나게 줄어들었고. 거기다 엎친 데 덮친 격으로 사람들 사이에 자원 전쟁까지 일어났어. 그 이후론……, 그냥 끝이었어. 세계 곳곳에 남아 있는 인간 사회에 죽음과도 같은 정적이 깔리기 시작했지. 예전에는 그토록 활기가 넘쳤는데 말이야."

"심각한 건 그런 일이 실제로 점점 다가오고 있다는 거지."

요나스가 거들었다.

노라는 말을 하면서 찻잔과 찻주전자, 비스킷을 탁자에 갖다 놓았다. 요나스는 이 틈을 이용해서 노라를 다시 껴안으려고 했다. 하지만 노라는 살며시 웃으며 요나스의 품에서 벗어났다.

"꿈에서 난 기가 막힌 기계를 갖고 있었어. 노트북보다 작은 단말기 같은 건데, 온갖 걸 다 볼 수 있어. 과거 사람들이 쓴 글은 물론이고 예전의 영화나 비디오도 볼 수 있고, 세계 곳곳에 설치해 놓은 자연 감시 카메라가 보여 주는 영상도 실시간으로 확인할 수 있어. 또 지구에서 일어난 일들을 슬로비디오로 돌려 볼 수도 있고, 몇 시간씩 죽치고 앉아 오래전에 멸종한 동식물들이 나오는 영화나 다큐멘터리도 볼 수 있지."

"그런 기계라면 벌써 한창 개발 중인걸."

노라가 요나스에게로 몸을 돌렸다.

"꿈속의 나는 학대당하고 사기당한 기분이었어! 내 이전에 살았던 세대들이 자원을 모두 약탈해 간 거야! 나는 부모님이랑 증조할머니랑 살고 있었어. 지금과 같은 집이고, 심지어 내 방도 똑같았어. 아, 깜박했는데, 꿈속에서 내 이름은 노바였어. 증조할머니 이름은 노라이고. 우린 그냥 우마라고 불렀어."

"그럼 너하고 이름이……."

노라는 자신의 꿈 이야기를 온전히 설명하는 건 불가능할 것 같았다. 이야기를 꺼내자마자 모든 것이 다른 무언가로 변해 버렸기 때문이다.

"노바는 같은 날 나하고 똑같이 열일곱 살이 되었어. 시간은 2084년이었고, 증조할머니는 여든여덟 살이었어."

요나스는 휘익, 하고 큰 소리로 휘파람을 불었다.

"서서히 감이 오는 것 같은데……."

"증조할머니와의 관계는 무척 어려웠어. 할머니가 무척 좋으면서도 동시에 엄청 미웠거든. 할머니 역시 과거의 탐욕스런 세대라는 이유 때문이었지. 그 세대는 지구가 어떻게 될지 분명히 알고 있으면서도 방향을 바꾸려고 노력하지 않았어. 그래서 난 할머니한테 예전의 온전한 자연을 돌려 달라고 떼를 썼어. 할머니가 지금 내 나이 때 누렸던 자연을 말이야. 심지어는 할머니를 숲으로 쫓아 버리고 싶기까지 했어."

"그다음에 깨어났어?"

요나스가 물었다. 노라는 고개를 흔들었다. 이제 다음 이야기를 어떻게 계속 풀어 나갈지가 문제였다.

"주유소가 있던 자리에 주유소가 사라졌어. 자동차도 거의 없었고. 아, 지금 떠오른 건데 흰색 트럭은 있었어. 그 얘긴 나중에 할게. 어쨌든 낙타를 끌고 가는 아랍인 난민 행렬이 집 앞을 줄곧 지나갔어. 산을 넘어 노르웨이 북서부 지방으로 가는 중이었지. 예전 주유소가 있던 자리에는 난민 휴게소가 들어서 있었고."

"아랍인들?"

"기후 난민이야. 자기들 고향은 모래에 묻혀 사막으로 변해 버렸대. 언젠가 아랍 소년 한 명이 병이 나서 우리 집 쿠션 방에서 지냈어. 제

발로 일어나 다른 피난민 행렬에 합류할 수 있을 때까지. 건강을 회복하는 동안, 소년과 나는 보드게임을 하며 시간을 보냈지. 그러다 걸을 수 있게 되었을 때, 소년은 할머니에게 커다란 루비가 박힌 반지를 선물로 줬어. 그 소년 말로는 진짜 '알라딘의 반지'래."

"그 소년이 쿠션 방에서 얼마나 지냈는데?"

요나스의 물음에 약간 걱정스런 느낌이 묻어났다. 노라는 즉시 대답하지 못했다. 꿈속의 내용을 온전히 기억해 내기가 쉽지 않았다.

"그때부터 할머니는 늘 진홍빛 루비 반지를 끼고 다니셨어. 그러던 어느 날 아침, 증조할머니가 내 방으로 들어와 세상에서 멸종된 동식물이 다시 한번 기회를 얻게 될 거라고 이야기하셨지. 그 기회라는 게 왠지 루비 반지와 관계가 있는 것 같았어. 그 뒤에 방이 갑자기 흔들리더니 할머니가 노래를 부르기 시작했어. '새들이 돌아온다……, 모든 새들이 돌아온다!' 그 대목에서 내가 깨어났지 뭐야. 불과 몇 시간 전의 일이야. 그런데 일어나 보니, 밖에서 새들이 지저귀는 소리가 들리지 않겠어? 순간 난 확신했어. 그 꿈은 사실이고, 증조할머니는 약속을 지키셨다고. 이로써 세상은 또 한 번의 기회를 얻게 된 거야!"

요나스는 고개를 흔들었다.

"말도 안 되는 얘기지만, 네 꿈 이야기를 듣다 보니 어쩐지 그 꿈이 사실일 것 같다는 생각이 들기도 해."

"꿈에서 증조할머니가 졌던 책임을 내가 대신 지게 됐어. 갑자기 역할이 바뀐 거지. 칠십여 년 후에 난 증손녀를 다시 만나게 될 거야. 그러면 그때 또 한 차례 심판이 내려지겠지. 그때도 지구가 엉망이라면 난 정말 숲으로 내쫓기는 증조할머니가 되고 말 거야. 생태계가 무너지고, 지구가 쪼그라들고, 자연이 원래의 매력을 잃는 걸 내가 막지 못한다면 말이야. 미래의 내가 내린 판결이니까 거부할 수도 없어."

"그래, 아주 잘했어!"

요나스가 두둔했다.

"이제 더 이야기할 필요가 없을 것 같은데?"

"하나 더!"

노라가 힘차게 말했다.

"꿈에서 깼을 때 내 손에 그 마법의 반지가 끼워져 있었어. 꿈에서 본 반지랑 똑같았어."

"무슨 소릴 하는 거야?"

노라가 스웨터 소매를 걷더니 네 번째 손가락에 끼워져 있는 진홍빛 루비 반지를 가리켰다.

"봐, 진짜지? 꿈속에서 증조할머니가 끼고 있던 거야. 세상이 다시 새 출발을 할 수 있도록 기회를 준 그 반지라고!"

요나스는 어떻게 받아들여야 할지 갈피를 잡지 못하는 표정이었다.

"일어나 보니 그 반지가 네 손에 끼워져 있었단 말이야?"

노라는 얼른 고개를 주억거렸다. 요나스는 잠깐 생각에 잠겼다가 이렇게 되물었다.

"어젯밤에 자러 갈 때부터 그 반지를 끼고 있었던 게 아니고?"

노라가 비밀스런 미소를 지으며 고개를 끄덕였다. 얼굴에 자부심이 그득했다. 이어서 전날 이 오래된 가보를 어떻게 받게 되었는지 이야기했다.

"원래 생일날 받기로 한 선물이었어. 그런데 갑자기 엄마가 오슬로에 회의가 있어서 가서야 하는 바람에 이틀 먼저 받았지. 새 스마트폰과 함께 말이야. 난 그 꿈을 꾼 뒤로 살아 있는 날까지 이 반지를 끼고 다니기로 결심했어. 이걸 보고 있으면 내가 어떤 책임을 져야 하는지 절대로 잊지 않을 테니까. 나중에 증손녀가 세상에 태어나면 그 아이 부모한테 이름을 노바라고 지으라고 설득할 생각이야. 그래야 내 꿈이 사실이 될 테니까. 그 아이가 열일곱 번째 생일이 가까워 오면 난 걔 방으로 가서 이 비밀스런 루비 반지를 슬쩍 보여 줄 거야. 그래야 이야기가 빈틈없이 딱딱 맞아떨어지지 않겠어?"

"네 꿈이 진짜가 되려면 자연은 파괴되고 지구는 파멸에 빠져야 할 텐데?"

요나스의 목소리에서 걱정이 묻어났다. 노라는 고개를 저었다.

"아까 말했잖아. 이 세상은 다시 한번 기회를 얻었다고. 난 내 증조할머니가 열일곱 살 때 살았던 세상을 그대로 돌려받았어. 물론 이제는 기회가 단 한 번밖에 없지만."

노라는 신문 기사들이 잔뜩 널린 탁자와 요나스를 번갈아 바라보더니 이렇게 덧붙였다.

"그래서 이제부터 우린 미친 듯이 일해야 해."

추억을 나르는
화물차

노바는 길쭉한 창문으로 밖을 내다본다. 마을 방향에서 흰색 트럭한 대가 천천히 오고 있다. 오랜만이다. 노바는 얼른 계단을 뛰어 내려가 신발을 신고 두툼한 외투를 걸친 뒤 부리나케 달려 나간다.

정원을 지나다가 엄마를 만난다. 엄마는 대추나무 가지를 다발째로 들고 있다. 대추나무 가지는 빨간 열매의 무게를 못 이겨 잔뜩 휘어져 있다. 노바는 어디 가는지 일부러 말하지 않는다. 엄마가 흰색트럭을 좋아하지 않기 때문이다.

도중에 노바는 강 건너편에서 다리를 건너오는 사람들을 본다. 오늘은 또 무슨 볼거리가 있을지, 설레는 마음으로 트럭을 찾는 사람이 노바 혼자는 아닌 모양이다. 얼마 뒤, 흰색 트럭 옆면에 대문자로 큼직하게 쓴 글자가 보인다.

이 세상의 마지막 여우원숭이

아, 여우원숭이가 지구상에 아직 몇 마리 남아 있었나 보다.

여우원숭이는 마다가스카르섬에 사는 원원류(원숭이와 유인원을 제외한 영장류로서, 조금 더 원시적인 특징을 지니고 있다.―옮긴이)에 속한다. 독일 베를린 동물원에 몇 마리 생존해 있는 게 전부다. 멸종을 앞둔 종이 더 이상 번식 가능성이 없다고 판단되면, 동물원 측에서는 흰색 트럭에 동물을 실은 채 전 세계를 누빈다. 지구에서 영원히 사라질 동물의 마지막 모습을 사람들에게 보여 주기 위해서다. 야생 여우원숭이는 존재하지 않은 지 오래다.

노바는 사과처럼 빨간 볼에 수염을 뾰족하게 기른 매표원에게 입장권을 끊는다. 남자는 솜사탕과 팝콘도 팔았지만, 노바는 둘 다 먹고 싶은 마음이 없다.

입장권은 트럼프 카드만 하다. 앞면에 여우원숭이 사진이 있고, 그 밑에 학명이 적혀 있다. 레무르 카타(*Lemur catta*). 뒷면에는 생물학적 분류가 적혀 있다.

그 밑에 여우원숭이가 마다가스카르섬에서 멸종하게 된 이유가 씌어 있다. 서식지는 오래전에 화재로 파괴되었고, 나무는 숯을 만들기 위해 베어졌다. 거기다 밀렵도 성행했다. 뭐니 뭐니 해도 결정적인 치명타는 바로 지구 온난화였다.

노바는 커다란 화물칸에 첫 손님으로 입장한다. 내부 공간은 우리로 개조되어 있다. 우리 안에서는 여우원숭이들이 철봉을 타기도 하고 나뭇가지 사이를 이리저리 뛰어다니기도 한다. 바닥에는 톱밥이 깔려 있다. 세 마리 모두 암컷이다. 입장권에 성별이 표시되어 있다.

우 우 우

노바는 이런 입장권을 모두 모아 두었다. 지구상에서 완전히 사라질 운명에 처한 동물을 처음이자 마지막으로 만난 소중한 추억이니까.

다 자란 여우원숭이들은 까만 주둥이부터 꼬리 끝까지 대략 1미터 정도이다. 물론 검은색과 흰색의 고리 무늬가 있는 꼬리가 몸길이의 절반을 넘게 차지하지만.

노바가 우리 철조망에 가까이 다가가자 여우원숭이들은 불안해하며 이리저리 뛰어다닌다. 그러다 연갈색 눈을 동그랗게 뜨고 노바를 바라본다. 노바는 이들이 겉으로 드러나는 것보다 훨씬 더 많은 것을 이해하고 있다는 생각이 든다. 일 년, 아니면 이 년 후에는 애플리케이션에서 이들의 멸종을 알리는 '딸꾹' 소리가 날 것이다. 마다가스카르섬에서 자유롭게 뛰놀던 종의 마지막 인사이다.

노바는 흰색 트럭이 떠나기 전에 단말기로 여우원숭이들의 모습을 촬영한다. 밖으로 나가면서 두 아이를 데려온 아저씨와 맞닥뜨린다. 아저씨는 양손에 아이들 손을 하나씩 붙잡고 있다.

얼굴이 잔뜩 상기된 아이들은 팝콘 봉지를 하나씩 들고 있다. 이국적인 동물과 만나고 나면 솜사탕도 하나씩 사 달라고 할지 모르겠다. 흰색 트럭은 매일 오는 게 아니니까.

지구는 인간을 얼마나
더 견딜 수 있을까?

노라는 방금 인터넷에서 발견한 속보를 소리 내어 읽었다.

노르웨이 스타토일사는 아프리카의 뿔 지역에서 더 이상 사업을 벌이지 않기로 공식 발표했다. 그러나 케냐의 다른 지역에 대한 투자 여부는 사업적인 이유로 명확한 입장을 밝히기 곤란하다고⋯⋯.

"앞으로도 석유 시추를 계속하고 싶은가 보네."
요나스가 말했다.
"중요한 건 지금 그게 아니지!"

노라가 간절한 눈빛으로 말했다.

"그게 아니면?"

"스타토일사에서 발표한 내용이 에스테르 안톤센의 석방에 도움이 되느냐 마느냐 하는 거지. 벤야민 박사님한테 연락해 볼까?"

노라는 문자 메시지를 보냈다.

　　새 소식 있어요?

이 분 후, 답장이 왔다.

　　없어. 오면 연락할게.

노라는 한숨을 내쉬었다.

"스타토일사의 발표 때문에 잔뜩 풀이 죽었어."

요나스는 탁자에 놓인 종이를 뒤적거리다가 신문 기사를 하나 골라 읽었다.

　　인간의 본성은 수평적 방향 감각에 뿌리를 두고 있다. 우리는 항상 수평적으로 시선을 이리저리 돌리며 어디에 위험이 있고 어디에 먹잇감이 있는지 살

핀다. 이러한 수평적 방향 감각 속에 자신과 가족을 보호하려는 자연적인 본능이 담겨 있다.

이처럼 자신의 유전자를 먼저 돌보고 지키는 본능은 우리 유전자에 깊이 아로새겨져 있다. 그러나 우리는 우리 자신의 유전자임에도 먼 자손, 즉 4세대나 8세대의 후손을 돌보고 지킬 생각을 하지 않는다. 그건 우리의 본능이 아니기 때문이다. 따라서 그건 배워서 익혀야 한다. 우리가 인권의 의미를 배우고 익히는 것처럼.

인간은 아프리카 어딘가에서 태어난 이후, 진화의 계통수(동물과 식물의 진화 과정을 나무줄기와 가지로 표현한 그림.—옮긴이)에서 우리가 속한 나뭇가지를 지키기 위해 끈질기게 싸워 왔다. 우리는 그 가지가 잘려 나가길 원치 않았기에 치열하게 싸웠고, 결국 싸움에서 승리를 거둔 것처럼 보인다. 우리가 여전히 이 지구상에 존재하고 있다는 사실이 바로 그 증거니까.

그런데 너무 큰 성공을 거둔 것일까? 우리는 자신을 지키려는 임무를 너무 잘 수행한 나머지, 우리 자신뿐 아니라 모든 종의 삶을 위험에 빠뜨리고 있다.

상상력이 풍부한 데다 허영기까지 있는 영장류는 자신도 자연의 일부라는 사실을 쉽게 잊는다. 우리는 지구의 미래에 대한 책임보다 유전자의 생존 본능에 더 충실한 경박스러운 존재일까?

"마지막 질문이 꽤 근사한걸."

요나스가 평가를 내리듯 말했다.

"뭐가?"

노라는 마지막 질문이 무엇이었는지 떠오르지 않았다. 요나스의 말을 반쯤 흘려들으면서, 몇 시간 전에 자신이 전화로 요나스에게 내준 숙제만 생각하고 있었기 때문이다. '동식물 1,001종을 어떻게 구할 수 있을까?' 하는 문제 말이다.

요나스는 자신이 소리 내어 읽은 신문 기사를 가리키며, 마지막 질문을 자기 말로 바꾸어 표현했다.

"'우리가 지구의 미래에 대한 책임을 등한시할 정도로 경박한 존재일까?' 이게 제법 괜찮은 질문인 것 같다고."

노라의 입가에 흐뭇한 미소가 피어올랐다.

"그래서 내가 그 기사를 오려 둔 거지."

노라는 요나스가 자신의 자료에 관심을 보이는 것이 기뻤다. 그럴수록 요나스가 여기까지 스키를 타고 오는 동안, 자신이 낸 숙제의 답을 찾아냈는지 더 궁금해졌다.

"다른 질문도 있잖아. 우리는 무엇을 할 수 있을까? 동식물 1,001종의 멸종을 어떻게 막을 수 있을까?"

요나스는 신문 기사를 탁자에 내려놓고 다른 기사로 눈길을 돌렸다. 마치 질문에 대한 답이 거기에 있기라도 한 것처럼.

우리가 지구의 생물학적 다양성을 지키려면 코페르니쿠스와 같은 사고의 전환이 필요하다. 천체가 지구를 중심으로 돌아간다고 믿은 것도 순진하기 짝이 없지만, 우리 시대만이 전부인 양 살아가는 것 역시 지극히 순진한 태도이다. 우리 시대가 앞으로 다가올 다른 시대보다 훨씬 더 특별하다고는 볼 수 없다. 물론 우리에게는 우리가 살고 있는 시대가 가장 중요하게 느껴지지만, 우리 이후에 살아갈 모든 사람들도 그들의 시대를 가장 중요하게 여길 거라는 생각을 해야 한다.

요나스는 생각에 잠긴 표정으로 고개를 끄덕이더니, 탁자 너머 노라에게로 시선을 돌렸다.

"맞아. 오늘날의 관점에서 보면 지구가 우주의 중심이고, 모든 천체가 지구의 둘레를 돈다고 믿은 건 정신 나간 짓이었어. 하지만 현재 우리에게 화살을 돌려서, 모두가 함께 나누어 써야 할 이 지구 외에 숨겨 놓은 다른 지구가 하나 더 있는 것처럼 자원을 마구 써 대며 살아가는 것도 정신 나간 짓이 아닐까? 안 그래?"

노라는 요나스가 무슨 생각을 하고 있는지 점점 더 궁금해졌다. 요나스는 그런 노라의 마음을 아는지 모르는지, 차분하게 '무엇을 할 것인가?'에 들어 있던 종이 뭉치에서 한 장을 더 집어 올렸다.

옛말에 이런 이야기가 있다. 개구리를 끓는 물에 집어넣으면 바로 튀어나와 목숨을 구한다. 그러나 찬물이 담긴 냄비에 넣고 끓는점까지 서서히 가열하면 개구리는 위험을 알아채지 못하고 결국 죽음에 이르고 만다.

요나스는 소리 내어 읽은 뒤 다시 고개를 끄덕였다.
"과연 우리 세대가 그런 개구리일까? 지구는 과연 인간을 얼마나 더 견딜 수 있을까?"

동식물 동영상을 파는
녹색 자판기

노바는 수도에 있다. 예전에 노바네 쿠션 방에서 병치레를 했던 소년과 함께다. 두 사람은 결국 다시 만났다. 우마는 이제 이 세상 사람이 아니고, 진홍빛 루비 반지는 노바가 물려받았다.

어느새 노바는 검은색 정장을 입고 어깨에 빨간 숄을 두를 만큼 성장했다. 오랜만에 수도에 온 만큼 옷도 세련되게 차려 입었다. 검은색 옷을 택한 건 돌아가신 증조할머니 때문이다.

소년도 그사이에 청년으로 자랐다. 바닥에 닿을 만큼 길고 헐렁한 아랍 전통 복장인 카프탄을 입고 있었다.

둘은 시내를 느릿느릿 산책하다가 녹색 자동판매기로 눈길을 돌린다. 자동판매기를 사용할 수 있는 시간이 차츰 다가온다. 아직은 거리가 휑하다. 두 사람이 시내를 독차지한 느낌이다.

두 블록을 지날 때마다 길모퉁이에 녹색 자동판매기가 설치되어 있다. 주로 지하철역과 큰 건물 앞에.

시각을 알리는 시청의 종탑에서 유명한 민요가 울려 퍼진다. 노바와 청년이 기다리던 신호다. 둘은 재빨리 자동판매기를 하나씩 차지하고 선다. 노바는 어떤 동식물을 누를지 결정하고 숫자를 입력한다. 곧 화면에 비디오 클립이 뜬다. 이제 비용을 지불해야 한다. 자연의 일부를 동영상으로 보는 것도 돈을 내야만 가능하다.

노바는 화면을 고정한 뒤 돈을 넣는다. 그사이에 거리는 사람으로 가득 찬다. 지하철역과 버스에서 쏟아져 나온 사람들로 북적북적하다. 새로 등장한 이 매력적인 자동판매기 앞에 이내 긴 줄이 만들어진다. 수많은 인파 속에서 노바는 간신히 청년을 찾는다. 다행히 청년은 남들에 비해 머리 반 정도 더 커서 눈에 잘 띈다.

둘은 서로를 향해 걸어간다. 그리고 만나자마자 양손으로 하이 파이브를 한다. 노바가 청년을 쳐다보며 웃는다.

"우리가 이 세상을 다시 한번 활기차게 만든 것 같아!"

청년이 대답한다.

"인간의 본성을 깊이 들여다보면 되는 일이지!"

야생 동물 보호
프로그램

"세상은 다시 한번 기회를 잡았어."

노라는 같은 말을 반복했다.

"이제 그만 뜸들이고 말해 봐. 이 기회를 어떻게 활용할 수 있는지 정말 궁금하다고!"

드디어 요나스가 탁자 위의 신문 기사 뭉치에서 눈을 들었다. 얼굴에 악동 같은 미소가 피어올랐다. 노라가 좋아하는 미소였다. 요나스는 점퍼 주머니에서 종이 몇 장을 꺼내 노라에게 건넸다.

첫 장에 제목이 크게 적혀 있었다. '1,001종의 동식물을 어떻게 구할 수 있을까?' 그 밑에 조금 작은 글씨로 부제가 붙어 있었다. '노라의 질문에 대한 답변'.

재빨리 세어 보니 모두 일곱 장이었다. 노라가 흐뭇하게 웃으며 요나스를 바라보았다.

"이래서 좀 늦었구나. 이걸 컴퓨터에 입력해서 인쇄까지 해 오려면 시간이 빠듯했을 텐데……."

"나만의 비밀이 있지. 그건 그렇고 한번 읽어 봐!"

노라는 크게 소리 내어 읽기 시작했다. 요나스는 난로에다 장작을 더 집어넣더니 망원경을 들고 창문 앞에 섰다.

모든 동물과 식물은 각자에게 맞는 서식지에 전적으로 의존하며 살아간다. 따라서 자연이 파괴되면 해당 서식지의 생물은 위험에 빠진다. 서식지, 혹은 더 큰 범위의 생태계가 위협받는 건 대개 경제적인 이유에서다. 부자는 더 큰 부자가 되기 위해서라면 못 하는 일이 없다.

이미 자연이 심각하게 훼손된 곳이라 할지라도, 석유와 석탄을 비롯한 귀중한 지하자원이 있다면 무분별하게 채굴하는 일도 서슴지 않는다. 물론 가난한 사람들 역시, 그들 나름의 방식으로 생태계를 착취한다.

그런데 이와 관련해서 제기되는 질문들이 너무 거창하고 복잡해서 개개인이 한눈에 꿰뚫어 보기가 어렵다. 예를 들면 이런 질문이다. '하루가 다르게 파괴되어 가는 아마존을 위해 우리는 무엇을 할 수 있을까?', '물고기가 점점 줄어들고 있는 태평양을 위해 우리는 어떤 행동을 할 수 있을까?' 등등. 이건 지구의 안전을 위해 꼭 필요한 질문인데도 사람들은 답을 찾을 생각을 하지 않는다. 인간의 뇌는 그런 생각을 하도록 만들어져 있지 않기 때문이리라.

인간은 자기중심적이다. 지구와 인류를 구할 모든 시도는 바로 여기에서 출발해야 한다. 우선, 한 가지 예를 들어 보자.

만일 당신이 호랑이에게 특별한 관심이 있어서 멸종 위기에서 구하려고 한다. 그럼, 당신은 호랑이 서식지를 지키기 위해 만나는 사람마다 기부금을 낼 수 있는지 물어볼 것이다. 어쩌면 모금함을 들고 다니면서 기금을 모을지도 모른다. 바자회나 벼룩시장, 혹은 복권 판매를 계획할 수도 있다.

호랑이를 위한 일이라고 하면 대부분의 사람이 큰 고민 없이 1크로네나 10크로네 정도를 흔쾌히 낼 것이다. 초콜릿 하나, 빵 한 조각 값에 불과하기 때문이다.

물론 몇몇 사람은 호랑이를 돕기 위해 100크로네를 낼 수도 있고, 드물게 는 1,000크로네나 10,000크로네를 내기도 할 것이다. 신문에 이름을 실어 준다면 특히나 더. 또 100만 유로를 기부할 만큼 호랑이 보호에 열광적인 투자자가 있을지도 모른다. 생각해 보면, 감상의 즐거움은 있지만 생명이 없는 예술품을 수백만 달러씩 주고 사는 사람들도 있지 않은가?

호랑이 보호 기금은 당연히 세계 각지에서 모아야 한다. 은행에 호랑이 보호 기금을 명의로 한 계좌를 만들고 송금을 받으면 된다. 매달 정기적으로 후

원금을 보내는 '호랑이 대부'가 수백만 명이라고 가정하면, '호랑이 서식지 보호 프로그램'에 수십억 유로가 모이는 것도 불가능한 일만은 아니다.

그렇게 돈이 모이면 제일 먼저 호랑이와 호랑이 먹잇감의 불법 포획과 밀렵을 막는 데 상당액을 지출해야 할 것이다. 최악의 경우, 특별 조직을 만들어 야생 동물 보호에 나설 필요도 있다.

오늘날 암시장에서 50만 크로네만 내면 쉽게 호랑이 가죽을 구할 수 있다. 호랑이의 수가 점점 줄어들수록, 그리고 이런 형태의 야생 동물 불법 유통에 대한 처벌이 더욱 강화될수록 그 가격은 점점 더 올라갈 것이다. 따라서 그에 상응하는 엄한 처벌이 반드시 필요하다.

이런 야생 동물 보호 프로그램은 첫걸음일 뿐이다. 근친 교배를 막으려면, 사는 곳이 떨어져 있는 호랑이들이 안전하게 이동할 수 있는 통로를 만들어 주어야 한다. 또한 호랑이의 먹이가 될 동물들, 예를 들어 멧돼지, 사슴, 영양 같은 동물들도 보호해야 한다.

그것은 또다시 초식 동물의 먹이가 되는 식물들도 충분히 보존해야 함을 의미한다. 다시 말해서 호랑이를 보호한다는 것은 단순히 호랑이 한 종만 지키는 게 아니라, 다른 수많은 동식물 종까지 보호해야 함을 의미한다. 그렇게 보면 호랑이는 더 큰 계획의 상징일 뿐이다.

"좋아!"

노라가 말했다.

"멋져. 근데 왜 하필 호랑이야? 북극곰은 안 돼?"

"다음 대목에 그 질문에 대한 답이 나올걸."

요나스가 어깨 너머로 말했다. 노라는 계속 읽어 내려갔다.

그런데 특정한 종만 우리 노력의 중심에 놓아도 될까? 수리부엉이와 사막여우는 어쩌고? 개구리와 도롱뇽은? 멸종 위기에 처한 다른 수많은 종은 다 어쩌란 말인가?

대답은 이렇다. 그 종들도 모두 개별적으로 자신의 계좌번호를 가져야 한다. 그러니까 호랑이 보호 기금 외에 다른 동식물을 위한 1,000개의 기금이 더 조성되어야 한다는 것이다. 그러면 정확히 1,001개의 기금이 생긴다. 위기에 처한 동식물을 위한 1,001개 기금인 셈이다. 아름답고 완벽한 숫자이면서, 동시에 아주 폭넓은 선택이다!

사람들은 호랑이를 위해 기부할 수도 있지만, 사자나 도롱뇽을 위해서도 기부할 수 있다. 사자 보호 기금과 도롱뇽 보호 기금도 있기 때문이다. 기부는 철저히 동식물에 대한 개인적 선호도에 따라 이루어져야 한다. 그 선호도에 어떤 입장과 감정이 깔려 있든 상관없다. 중요한 건 선택의 자유다. 그래야만 불가피하게 생기는 수많은 잡음을 줄일 수 있다.

전문가의 보고서에 따르면, 기후 변화로만 백만 종에 이르는 동식물이 위협을 받고 있다고 한다. 그렇다고 동식물 보호 기금을 백만 개나 조성할 수는 없다. 다만 새와 포유류는 종류별로 자체 기금을 조성하는 것이 합리적일 듯하다. 반면에 위기에 처한 진딧물은 모든 종을 합친 하나의 기금으로도 충분하다.

물론 그것 역시 진딧물 한 종의 보호에 그치지 않는다. 진딧물 보호는 진딧물의 먹이가 되는 식물의 보호로 이어지고, 식물 보호는 또 토끼와 노루의 보호로 이어지며, 마지막에 가서는 스라소니까지 구하게 될지도 모른다. 자연에선 모든 것이 하나로 연결되어 있기 때문이다.

"이 모든 걸 그렇게 짧은 시간 안에 다 썼어?"

노라가 요나스를 건너다보며 말했다.

요나스는 여전히 등을 돌리고 망원경으로 창밖을 내다보고 있었다. 그래서 노라는 요나스가 어떤 표정을 짓고 있는지 알 수가 없었다.

"내용은 어때?"

"좋아, 상당히. 다음에 어떤 내용이 있을지 기대될 정도로. 마음에 쏙 들어."

"그럼, 계속 읽어 봐!"

내 질문은 이렇다. 우리의 행성, 지구에서 생물학적 다양성을 위한 운동에 최대한 많은 사람들의 참여를 이끌어 내려면 어떤 접근 방식이 가장 좋을까? 나는 앞서 '선택의 자유'를 중요한 요소로 언급했다. 그에 대한 예를 하나 들어 보자.

만일 국가 살림살이 가운데 어느 부문에 세금을 내고 싶은지 국민 스스로 결정할 수 있다고 가정해 보자. 지금까지는 소득세를 비롯한 대부분의 세금을 국가가 무조건 떼어 가는 바람에 세금을 내면서도 벌금을 내는 듯한 기분이 들었다. 자신이 낸 세금이 어디에 쓰이는지 전혀 알 수 없기 때문이다.

여기서 이런 의문이 든다. 만일 자신이 낸 세금을 어떻게 쓸지 각자 결정할 수 있다면 엄청나게 큰 혼란이 생길까? 어떤 이는 국방에 자기가 낸 세금이 쓰이길 바라고, 또 어떤 이는 교육이나 환경 보호, 대중교통에 자기가 낸 세금이 쓰이길 바라며, 또 다른 어떤 이는 박물관이나 유치원, 병원, 체육 시설에 자기가 낸 세금이 쓰이기를 바란다.

최종적으로 합산해 보면, 전체적으로는 지금과 크게 다르지 않을 가능성이 높다. 굳이 차이를 찾자면 세금을 내는 사람들의 만족도가 더 높아졌다는 것 정도가 아닐까? 이런 식의 세금 징수 시스템은 자발적 참여라는 인간의 기본적 욕구를 충족시켜 주기 때문이다.

이런 시스템은 환경 보호에도 그대로 적용할 수 있다. 만일 정치인들이 갑자기 환경세를 도입하면 틀림없이 많은 사람들이 높아진 세금 부담에 항의할 것이다. 또한, 어떤 환경 정책이 가장 적절한지를 놓고 논쟁이 벌어질 수도 있다.

물론 우리 중에는 동식물의 생물학적 다양성을 지키기 위한 특별세 도입을 기꺼이 받아들이는 사람도 있을 것이다. 하지만 그런 사람들 사이에서도 의견은 여러 갈래로 갈린다. 정확히 어떤 종을 보호하고 싶은지 사람마다 생각이 다르기 때문이다.

양이나 순록을 사육하는 사람들은 늑대나 곰의 보호에 반대하고, 콘크리트로 뒤덮인 도시에 사는 사람들은 살면서 마주칠 일이 전혀 없는 동물, 예를 들어 사냥매나 흰올빼미를 위해서 돈을 낼 마음이 없을 것이다.

그럼, 이렇게 하면 어떨까? 개별 납세자에게 한 종에서 여덟 종까지 자유롭게 선택하게 한 뒤 선택된 종의 보호에 개별 납세자들의 돈을 쓰는 것이다. 그러면 사람들은 자신의 개인적이고 자발적인 결정에 뿌듯함을 느끼고, 또 자신이 무언가 의미 있는 일을 한다는 느낌도 받을 것이다.

이 대목에서 노라는 읽기를 멈추고 물었다.

"그러니까 1,001개 기금을 만들고, 인류 전체가 그 기금을 관리하자는 거야? 어떤 날은 북극곰 보호 기금에 1~2크로네를 내고, 다음 날엔 마음이 바뀌어 검독수리나 수리부엉이, 참매한테 돈을 내고? 일 년에 한 번, 예를 들어 크리스마스에는 위험에 빠진 도롱뇽이나 개구리한테 1~2크로네를 내고?"

"거꾸로, 일주일에 한 번은 도롱뇽이나 개구리한테 돈을 내고, 크리스마스나 새해 첫날엔 검독수리나 참매한테 돈을 낼 수도 있겠지. 생각해 봐. 개구리와 참매 중 누가 먼저겠어?"

"개구리지. 참매가 개구리를 먹고사니까."

"개구리는 뭘 먹지?"

"곤충……, 그리고 환형동물? 예전에 개구리가 긴 지렁이를 주둥이로 쭉쭉 빨아들이는 걸 본 적이 있어."

"그럼, 곤충이 먹고살려면 뭐가 있어야 돼?"

"식물, 버섯……, 그리고 단세포 생물."

"좋아."

"뭐가 좋아? 어쨌든 이건 네가 오늘 쓴 게 아냐. 도저히 불가능해. 난 그럴 수 없다고 봐."

"계속 읽는 게 어때?"

노라는 손에 든 종이로 시선을 돌리고 다시 읽어 내려갔다.

내 귀에 벌써 인간에게 자연이 정말 그렇게 중요하냐는 반론이 들린다. 우리는 이미 오래전에 지구를 거대한 놀이공원으로 만들어 버렸다. 우리 앞에는 오락거리가 너무 많다. 인류 공통의 중요한 과제에 도저히 집중할 수가 없을 정도로. 우리는 하나의 행성을 나누어 쓰고 있지만, 모든 사람이 지구를 생각하면서 살지는 않는다.

게다가 이 세상에는 자유가 너무 많고, 개개인이 누리는 권리도 너무 많다. 또한 부자에겐 구매력이 너무 많고, 부자 중의 부자에겐 마음껏 즐길 석유와 제트 엔진이 너무 많다. 반면에 우리가 사는 지구에 대한 책임감은 너무 적고, 지구 자원의 공정한 분배에 대한 관심 역시 너무 적다. 지구와 자연을 위해 무엇이 최선일까? 이런 문제를 집중적으로 다루기에 인간은 너무 바쁘다.

오늘 신문을 펼쳐 보자. 무엇이 실렸는가? 스포츠, 로또, 레스토랑, 와인, 자동차, 스마트폰, 컴퓨터, 요리, 몸매 관리, 약, 건강, 부동산에 관한 이야기들로 가득하다. 유명인들의 스캔들은 말할 것도 없다. 날마다 연예인의 결혼과 이혼에 대한 기사가 줄을 잇는다. 세상은 매 순간 그런 이야기들로 차고 넘친다. 그것이 인간이고, 인간은 바로 그런 것들을 열망한다.

이로써 우리는 온전히 의지해서 살 수밖에 없는 자연에서 서서히 멀어졌다. 대다수의 사람들이 축구 선수나 영화배우의 이름은 줄줄 외워도 창밖을 날아가는 새 이름은 모를 정도로…….

이런 이야기를 꺼낸 이유가 무엇이냐고? 바로 우리의 접근 방식에 인간적인 요소를 접목시킬 필요가 있기 때문이다. 다시 말해, 위기에 처한 1,001종의 동식물을 멸종에서 지켜 내려면 우리가 파악한 인간의 본성에 대한 요소를 반드시 포함시켜야 한다.

스포츠 경기 결과와 유명 연예인에 대한 잡담, 혹은 대중 예술과 문화에 대한 관심을 아주 조금이라도 살아 있는 자연과 소멸 위기에 빠진 동식물로 돌릴 수만 있다면 그 자체만으로 벌써 크나큰 발전이다. 매스컴은 앞으로도 잡스런 이야기들을 계속 떠들어 댈 수밖에 없겠지만, 이젠 영국의 프리미어 리그나 미국의 메이저 리그에 대한 보도만 할 게 아니라 바다오리와 코뿔소 같은 동물에도 관심을 보여야 한다.

사람들의 관심을 환기시키는 차원에서 멸종 위기에 처한 생물들을 위한 복권을 만드는 건 어떨까? 7월 31일에 추첨하는 바다오리 복권! 별로라고? 그럼, 흰올빼미 복권은? 조류한테는 마음이 끌리지 않을 수도 있겠다. 그렇다면 스라소니 복권은?

"스라소니 복권 추첨이 드디어 내일이야!"

"아직 판매 중이라던데?"

이런 말들이 왱왱거리는 벌통 소리처럼 벌써 내 귀에 들리는 듯하다. 자연을 살리는 놀라운 수다다.

"어휴, 이번에도 꽝이네. 다음번엔 꼭 될 거야. 바다거북한테 돈을 걸어서 몇백 크로네라도 따야지……."

노라는 요나스를 빤히 바라보았다. 물론 요나스는 여전히 노라를 등지고 서 있었다.

"요나스……, 요나스!"

마침내 요나스가 등을 돌렸다.

"너, 미쳤구나."

노라가 말했다.

"아이디어가 아주 기발하긴 한데, 정신 상담이 필요해 보여. 다음에 나하고 같이 벤야민 박사님한테 가서 상담을 받아 보자. 그 전에 에스테르 언니가 아프리카에서 돌아와 있으면 좋을 텐데."

노라가 다시 글을 읽어 내려가자 요나스는 흐뭇한 미소를 지었다.

이 복권의 전제 조건은 멸종 위기에 빠진 모든 동식물의 계좌번호를 만들고, 안내서에 계좌번호를 공개해야 한다는 것이다. 당연히 인터넷으로도 접근이 쉬워야 한다. 또한 전 세계로 확대할 수 있어야 한다. 가령 고양이 종과 부엉이 종, 곰 종을 비롯해 좀 더 큰 생물 분류 기준인 목의 단위로 이 년에 한 번씩 맹수와 거위 같은 동물의 복권을 새롭게 만드는 것이다.

범위를 좀 축소해서 내기를 벌이는 것도 가능하다. 예를 들어, 심각한 멸종 위기 종의 경우에 현재 몇 마리가 남아 있는지를 두고 내기를 할 수 있다. 우리는 그 종의 개체가 몇 마리 남았는지 언제나 파악하고 있어야 하기 때문이다.

다시 한번 정리하자면, 내 제안의 핵심은 다음과 같다. 지구촌 주민들을 대상으로 멸종 위기 종들을 위한 행사를 벌이자는 것이다. 점심시간이나 저녁 술자리에서 축구 이야기에 열을 올리며 자신이 응원하는 팀이 몇 골을 넣을지를 두고 토론을 벌일 수 있다면, 지구상에 남아 있는 사자나 침팬지의 수가 몇 마리인지를 두고 수다를 떠는 일은 왜 할 수 없단 말인가? 특히 그런 관심으로 친구나 지인들 사이에서 부러움을 사거나 명성까지 얻을 수 있다면 말이다.

사람들은 지구촌에서 벌어지는 복권 행사를 통해 자연과 지구를 위한 좀 더 이성적인 행동이 무엇인지 배울 수 있을 것이다. 게다가 복권 당첨자 중에는 부자가 되는 사람도 있을 것이고, 전국적으로 유명세를 타는 사람도 있을 것이다.

"그 사람, 정말 대단해! 연체동물과 절지동물, 척추동물 복권을 혼자 다 싹 쓸이하고, 그 당첨금으로 전기 자동차에다 이층집까지 샀다 하더라고!"

이런 사람이 나오지 말라는 법이 있을까?

"내 말, 기분 나쁘게 생각하지 마. 네 글에서 블로그 냄새가 나는 것 같아."

"아직 다 안 읽었잖아."

"아무리 생각해도 네가 오늘 그 짧은 시간에 이걸 썼다는 건 불가능해. 혹시 인터넷을 뒤져서 이것저것 짜맞춘 거 아냐?"

요나스는 웃음을 지었다. 그러나 속 시원하게 대답할 것 같지는 않았다. 결국 노라는 다시 읽을 수밖에 없었다.

이 모든 말이 마치 악마를 끌어들이려는 것처럼 들릴 수도 있다. 그러나 그렇지 않다. 단지 인간의 본성을 동식물 보호에 접목하려는 노력일 뿐이다. 수다의 소재를 새로운 영역으로 확장할 필요가 있다. 형식은 아무래도 상관없다. 성인이 이따금 원숭이나 갓난아기 같은 짓을 한다고 해서 안 될 이유가 무엇인가? 어차피 우리는 원숭이와 갓난아기에서 비롯되었는데……

인간은 어떤 형태로든 경쟁이 필요하다. 남을 이기고 싶어 하는 욕구를 타고났기 때문이다. 이런 퀴즈 대결은 어떨까? "지구상에 호랑이가 얼마나 남아 있을까요? 정확하게 답해 주십시오. 그렇지 않으면 당신은 탈락입니다!", "자, 이제 마지막 문제입니다. 벵골호랑이와 시베리아호랑이, 두 종의 서식지를 지키는 과정에서 어떤 대가를 치르든 반드시 막아야 할 것은 무엇일까요?" 등등.

또한 이 프로젝트로 뉴스가 바뀐다면 그게 바로 변화의 시작이 아닐까?

"척추동물 114종을 지원하는 인테리어 디자이너, 개구리와 도롱뇽에 지극한 애정을 품은 영어 교사, 전 재산을 조류 보호 기금에 기부한 히요르트 씨, 대대로 내려온 농지를 팔아 사자 보호 기금에 기부한 빈드스트라의 농부, 붉은여우를 위해 매주 얼마씩 꾸준히 기부금을 내는 가난한 연금 생활자와의 인터뷰가 준비되어 있습니다!"라고.

그 밖에 기부 활동에 참여한 사람들에게는 단순히 말로만 칭찬할 게 아니라 뭔가 눈에 보이는 것을 선물해야 한다. 벽에 걸어 놓거나 선반 위에 올려놓을 수 있는 것이면 더더욱 좋다. 예를 들어, 야생 동물 보호를 위해 1,000크로네를 기부한 사람에게는 노란색 리본이나 허리띠를, 5,000크로네 이상을 기부한 사람에게는 빨간색 리본이나 허리띠를 선사하는 식이다. 그러면 사람들은 그에 대한 이야기를 나누며 자부심을 느낄 것이다.

남들에게 자랑하는 것을 나쁘게 생각해서는 안 된다. 특히 좋은 일에 대해서는 더더욱! 그건 지극히 정상적인 인간의 본능에 속한다. "너, 누구누구가 순록 보호로 검은 허리띠를 받았다고 하던데 알고 있었어?"와 같은 대화가 크리스마스이브에 가족끼리 식사하는 자리에서 오간다면 아주아주 멋질 것이다. 인간이 지구를 생각하는 선한 동물이라는 걸 다시금 확인하는 기회가 될 테니까.

"이제 정말 분명해졌어. 네가 여기로 출발하기 전, 그 짧은 시간에 이걸 다 썼다는 건 말이 안 돼! 넌 내 예상보다 불과 십오 분 정도밖에 늦지 않았어. 열다섯 시간도 아니고 말이야! 게다가 몇 주 전부터 함께 환경 단체를 만들기로 해 놓고서 이상하게 넌 기후 변화에 대한 이야기는 전혀 하지 않고 있잖아."

"계속 읽어 봐, 노라."

또 다른 반박이 들린다. 기후 변화를 위해서도 뭔가 해야 하는 거 아니냐고. 수백만 종의 동식물을 가장 크게 위협하는 요소는 바로 지구 온난화가 아니냐고. 맞다, 그래서 이렇게 덧붙이려 한다.

각종 보호 기금에 들어오는 돈의 35%는 풍차와 태양 에너지, 그리고 핵융합 에너지 같은 대체 에너지 연구 개발과 유해 가스 배출 축소 노력에 지원하는 것이다. 이것은 우리의 활동이 만들어 내는 부수적 이익이다. 이렇게만 된다면 유해 가스의 배출을 줄이는 일은 더 이상 골치 아픈 문제가 아니라 새로운 국민 오락의 일부가 될 수 있다.

내가 말하고자 하는 바는 이렇다. 지구의 미래에 수십억분의 일만큼 책임이 있다는 이유로, 늘 개인의 양심에만 호소하는 것은 아무런 도움이 되지 않는다. 개인에게 수십억분의 일만큼 책임이 있다는 점을 강조하면 사람들은 대번에 이렇게 반응할 것이다.

"나보고 어쩌라고?"

이런 식의 설득은 사람의 마음을 움직이지 못한다. 이 프로젝트에서 인간의 본성을 고려한다는 것은 모두가 발을 맞추어 일률적으로 함께 가지 않는다는 것을 의미한다.

사람의 취향은 제각각이다. 난초를 좋아하는 사람이 있는가 하면, 나비와 잉꼬, 앵무새, 장미, 순무, 진달래, 고양이, 개, 뱀, 이구아나, 들쥐, 집쥐를 좋아하는 사람도 있다. 어쨌든 장미 보호 기금이나 앵무새 보호 기금에 돈을 내는 사람은 지구 온난화를 막는 일에도 동참하게 되는 셈이다.

끝으로, 지랄같이 길게 느껴지던 십사 분 동안 나를 컴퓨터 앞에 다시 앉게

한 노라 니루에게 고마움을 전하고 싶다. 이 글은 원래 지난주 화요일 학교에서 발표한 생물학적 다양성에 관한 보고서인데, 노라의 주문에 맞추어 일부 수정했다. 보고서의 원래 제목은 '우리는 어떻게 생물학적 다양성의 문제에 대해 폭넓은 사회적 참여를 이끌어 낼 수 있을까?'이다.

2013년 12월 11일, 요나스 헤임리.

노라는 눈을 들었다.

"그랬구나. 좋은 보고서야. 정말로 훌륭해. 근데 이 프로젝트는 누가 추진해?"

요나스는 대답을 하지 못했다.

"선생님은 뭐라셔? 점수는 몇 점 받았어?"

"선생님도 아이디어가 독창적이고 표현력이 좋다고 하셨어. 발표도 막힘이 없고 설득력이 있다고 하셨지. 하지만 점수는 'B'를 주셨어. 보고서에서 말한 내용을 실행으로 옮길 방법이 빠져 있어서 'A'를 주실 수 없대. 내 생각이 사람들에게 신선한 바람을 불어넣어 줄 수는 있지만, 현실에 접목할 방안을 구체적으로 제시하지 못하고 있다는 거지."

"내 생각도 비슷해."

둘 사이에 잠시 침묵이 흘렀다. 그러다 어느 순간, 요나스의 눈이 번쩍 떠졌다.

"잠깐……, 이 모든 걸 아주 간단하게 실행할 수 있는 방법이 생각
났어!"

"어떤 방법인데?"

"게임."

"뭐?"

"지금 내 머릿속에 녹색 자동판매기가 떠올라. 사람들이 많이 모이
는 곳에 자동판매기를 설치하는 거야. 전 세계에 말이야. 공항 길모퉁
이, 지하철역, 어디든 좋아. 사람들은 자판기에 신용 카드나 체크 카
드를 넣고 자기가 후원하고 싶은 생물 종의 코드를 입력해. 코드는 1
부터 1,001까지 있어. 그러면 작은 화면에 선택된 동식물의 아름다운
동영상이 떠. 텔레비전의 유료 프로그램과 비슷하다고 보면 돼. 이런
식으로 자기가 보호하고 싶은 동식물을 동영상으로 보면서 게임과
복권에 참여하는 거야. 지구에는 수십억 명의 사람과 수백만 종의 동
식물이 있어. 보고서에 쓴 것처럼, 녹색 자동판매기에 자발적으로 참
여할 수 있도록 흥미롭고 다양한 게임 요소를 집어넣는 거지. 이런 걸
'게이미피케이션'이라고 해."

노라는 한숨을 쉬었다.

"그건, 벌써 이야기한 거잖아."

"아냐! 이건 방금 떠오른 아이디어야!"

노라는 또다시 한숨을 내쉬었다.

"그럼 그것도 내가 꿈에서 본 모양이네?"

노라의 시선이 허공 속으로 빨려 들어가는가 싶더니, 몇 초 동안 요나스를 멍하니 바라보았다.

"노라? ……노라!"

노라는 다시 요나스의 눈을 똑바로 바라보았다.

"안 그러려고 해도 어쩔 수가 없어, 요나스."

시간이 겹치는 곳

노바는 손톱에 빨간색 매니큐어를 칠하고 자작나무 숲을 걷는다. 이렇게 숲길을 걷다 보니, 손톱에 매니큐어를 칠한 게 웃기는 짓이라는 생각이 든다. 이 숲에서는 마주칠 사람도 없고, 두 손을 써서 해야 할 일도 없다. 노바는 예전과 달리 무성한 숲이 자리잡은 고원에 도착하자 낡은 오두막으로 천천히 걸음을 옮긴다.

옛날에는 여기서 염소와 암소들이 방목된 채 마음껏 풀을 뜯었다. 여름에서 가을 사이의 일이었다. 축사 앞에서는 돼지들이 흙을 파헤쳤고, 닭들은 마당에서 종종걸음을 쳤으며, 양들은 여름 내내 산속을 마음대로 돌아다녔다. 그런 고원에 지금은 무성한 숲이 들어섰다.

노바는 흰 자작나무들 사이를 걸어간다. 졸졸 흐르는 시냇물을 폴짝 뛰어넘고, 혼자만 알고 있는 비밀을 떠올리며 즐거워한다. 어느 순간 덤불에서 부스럭거리는 소리가 들린다.

노루다. 새끼 노루도 한 마리 보인다. 노루는 잠시 우뚝 서서 노바를 바라본다. 그러고는 바로 사라진다.

노바는 낡은 오두막으로 이어지는 마지막 비탈길을 오른다. 원래는 오두막에 들르려고 했지만, 가까이 다가가 보니 노바보다 먼저 온 사람이 있다. 창문 너머로 증조할머니인 노라의 모습이 보인다.

잘못 봤을 리는 없다. 우마가 틀림없다. 노바는 수많은 사진과 비디오를 통해 십 대의 우마가 어떻게 생겼는지 잘 알고 있다. 노라는 한 소년과 함께 있다. 둘은 나이가 비슷해 보인다.

노바는 오두막 앞을 살금살금 지나간다. 청춘 남녀가 자기들만의 시간을 보내는 걸 방해하고 싶지는 않으니까.

루비 반지의 비밀

요나스는 탁자 너머로 노라의 손을 잡고 진홍빛 반지를 가만히 어루만지더니 이렇게 부탁했다.

"반지에 대해 얘기해 줄 수 있어?"

"꿈속에서 본 반지? 아니면 동화 속 알라딘의 반지?"

"네가 지금 끼고 있는 반지."

노라는 이 반지가 백 년 넘게 가보로 내려왔다는 이야기부터 꺼냈다. 노라의 증조할머니 시그리는 피붙이 하나 남기지 않고 세상을 떠난 언니에게 이 반지를 물려받았는데, 그 언니가 바로 수니바 이모였다. 촌수로 따지면 증조이모할머니 정도가 되겠지만, 다들 그냥 수니바 이모라고 불렀다.

수니바 이모는 미국으로 이주해 페르시아 출신의 양탄자 상인인 에스마일 에브라히미와 약혼했고, 약혼 기념으로 화려한 루비 반지를 선물 받았다.

그런데 아주 슬픈 일이 일어났다. 약혼한 지 몇 주 되지 않아 증기선을 타고 가던 약혼자가 미시시피강에 빠져 죽었기 때문이다. 본인 실수로 배에서 떨어졌는지, 아니면 누군가 일부러 밀었는지는 정확히 알 수 없었다. 다만, 약혼자가 시장에 내다 팔기 위해 배에 잔뜩 실어 두었던 페르시아 양탄자가 모조리 사라진 걸로 보아 살해 의혹을 지우기는 힘들어 보였다.

그 후 수니바 이모는 미국이 지긋지긋해져서 일 년도 못 되어 다시 고향으로 돌아왔다. 미국에서 갖고 온 거라고는 그 아름다운 반지 하나뿐이었다.

어쨌든 진홍빛 보석이 박힌 그 반지는 진품이었다. 많은 비밀을 간직한 듯 신비스러운 데다, 그 어떤 반지와도 비교할 수 없을 만큼 아름다웠다. 심지어 《아라비안나이트》에 나오는 진짜 알라딘의 반지라고도 했다. 수니바 이모의 말이 그랬다. 이모는 미국에서 돌아와 혼자 살다가 급성 결핵으로 숨을 거둘 때까지 그렇게 믿었다.

수니바 이모는 종종 자기 뒤에 올 자손들에게 무언가 의미 있는 것을 남기고 싶다며, 틈틈이 조카들을 위해 베틀이나 털실로 옷을 만들었다. 그 조카들 중 하나였던 노라의 할머니가 나중에 동화 그림이 수놓인 쿠션과 함께 그 반지를 물려받았다.

수니바 이모가 남긴 가장 귀한 물건이었다. 그래서 그 반지를 후손들에게 대대로 물려주기로 했고, 지금은 노라의 손에 끼워져 있는 것이다.

요나스는 노라의 손을 자기 쪽으로 바짝 당기더니 루비 반지를 자세히 살펴보았다.

"정말로 믿을 수 없을 정도로 아름다워……. 전혀 다른 시대에서 온 것 같은 느낌도 들고."

요나스는 노라의 눈을 빤히 들여다보았다.

"그렇다고 이게 정말 동화 속 알라딘의 반지라고 믿는 거야? 마법의 램프를 갖고 있던 그 알라딘 말이야."

노라는 고개를 끄덕였다.

"수니바 이모는 겨우 서른여덟 살에 결핵으로 돌아가셨어. 이 반지는 이모가 죽도록 사랑했을 뿐 아니라, 이모를 세상 무엇보다 사랑한 남자가 있었다는 걸 보여 주는 유일한 증거야. 사실 이런 반지는 아무한테나 줄 수 있는 게 아니니까. 어쨌든 난 그렇게 생각해."

요나스는 노라를 유심히 관찰했다.

"에스마일이 천 년 이상 된 반지라고 말한 건 과장일 수도 있어. 아니면 너희 이모가 남의 말을 잘 믿는 사람이든가."

노라는 고개를 힘껏 저었다.

"오십 년 전에 이 반지를 노르웨이 보석상에 감정을 맡겼어. 동양 보석 전문가였는데, 그 사람 말로도 이 반지는 최소 수백 년은 됐다고 하더래. 그러면서 아주 귀중한 골동품이 분명하다면서, 이런 건 원래 테헤란 국립 역사 박물관 같은 곳에 전시되어야 할 물건이라고 했다는 거야. 게다가 이렇게 부드러운 빛을 내는 루비는 미얀마에서 온 것이 분명하대."

노라는 요나스가 반지 이야기에 빠져 들어가는 게 내심 즐거웠다.

"에스마일은 수백 년도 더 된 내력을 지닌 유서 깊은 가문의 사람이었어. 게다가 팔백 년 전에는 페르시아에 실제로 알라딘이라는 사람이 살았대. 그건 이미 증명된 이야기라던데? 어쨌든 알라딘이라는 이름은 '숭고한 믿음'이라는 뜻인데, 그 사람은 절대자에 대한 확고한 믿음과 날마다 올린 간절한 기도 덕분에 사악한 마법사를 물리치고 그 이름을 얻었대. 전해 오는 이야기에 따르면, 마법사는 알라딘이 청혼한 아름다운 처녀를 차지하려고 알라딘을 죽이려 했어. 하지만 알라딘은 그 마법사를 물리치고 마법의 반지까지 빼앗았지. 그 반지를 끼고 있으면 사악한 마법사가 부리는 모든 흑마술을 막을 수 있다더라고."

요나스는 헛기침을 했다.

"그 알라딘이 동화 속의 알라딘이라는 거야?"

노라는 고개를 끄덕이다가 이내 고개를 흔들었다.

"꼭 그렇진 않아. 노르웨이의 구드브란드스달렌 지방에 언젠가 페르 귄트라는 사람이 살았다고 해서 그 사람이 입센의 희곡에 나오는 페르 귄트일까? 그럴 가능성은 거의 없을걸. 그래도 난 상관없어. 내가 끼고 있는 반지가 동화 속 알라딘의 반지가 아니라, 실제로 13세기 페르시아에 살았던 알라딘이라는 사람의 반지라고 해도 말이야."

요나스는 시계를 보았다. 노라는 그 이유를 알고 있었다. 어두워지기까지 두 시간밖에 남지 않았기 때문이다. 노라는 아랑곳하지 않고 이야기를 계속 이어 갔다.

"동화에서 반지는 알라딘의 목숨을 두 번 구해 줬어. 처음엔 알라딘이 동굴에 갇혔을 때, 도저히 빠져나갈 방법을 몰라 신에게 마지막 기도를 올리려고 두 손을 모으는 순간, 반지의 요정이 나타나 동굴에서 빠져나가는 길을 가르쳐 줬지. 두 번째는 사악한 마법사가 알라딘의 아내와 하인들을 궁전과 함께 통째로 아프리카로 옮겨 버렸을 때였어. 혼자 남은 알라딘은 강가에 서서 마지막 기도를 올리려고 두 손을 모았어. 아내를 잃은 슬픔을 이기지 못하고 기도를 올린 뒤 물에 빠져 죽을 생각이었지. 그런데 두 손을 맞대는 순간 반지가 문질러지면서 다시 요정이 나타나 알라딘의 소원을 들어줄 채비를 했어. 하지만 반지의 요정은 일어난 일을 원래대로 돌려놓고, 아내와 하인이 있는 궁전을 통째로 아프리카에서 다시 갖고 올 힘은 없었어. 그건 램프의 요정만이 할 수 있었으니까. 다행스럽게도 알라딘을 아프리카 궁전까지 옮겨 줄 수는 있었지."

"나도 그 내용은 알아."

"수니바 이모가 늘 말씀하셨대. 그 반지에는 세 가지 소원을 들어주는 힘이 있다고. 그런데 알라딘이 두 가지 소원을 사용해 버려서 이젠 한 가지 소원밖에 남지 않았지. 이모는 죽는 날까지도 이 반지를 낀 사람이 위급한 상황에 처하면 어떤 소원이든 이룰 수 있다고 믿었어. 하지만 이모는 그 소원을 사용하지 않았어. 반지의 마지막 힘을 써 버릴 만큼 큰 소원이 없기도 했고. 물론 죽음을 앞두고는 병을 낫게 해 달라고 빌 수도 있었을 거야. 하지만 마지막 소원은 후손에게 물려주는 게 낫겠다고 생각하신 거지. 훗날 이 반지의 도움이 필요할 만큼 크고 절실한 소원이 생기면 그때 사용하라고 말이야."

요나스는 자리에서 일어나 오두막의 나무 바닥을 이리저리 서성거렸다. 그러더니 손가락을 뻗어 노라를 가리켰다.

"그 마지막 소원을 네가 물려받았다는 거야?"

노라가 요나스를 빤히 바라보더니 고개를 끄덕였다. 이어 지친 것 같으면서도 약간 의기양양한 목소리로 말했다.

"난 그 소원을 벌써 사용했어, 요나스. 이젠 남은 건 없어. 그게 마지막 소원이니까. 정확히 말하면, 난 그 소원을 지금 이 시대에서 사용한 게 아니라 칠십일 년 후에 사용했어. 열대 우림과 습지대, 북미의 프레리, 아프리카의 사바나에 생명이라고는 찾아보기 힘들 정도로 지구 환경이 위태로워진 미래에 말이야. 나의 가장 간절한 소원은 이 세상에 다시 한번 기회를 주는 거였어. 하지만 그 소원은 안타깝게도 반지에겐 너무 무리한 요구였나 봐. 앞서 말했듯이, 반지에게 이미 일어난 일을 돌이킬 힘은 없으니까. 그래서 세상에 아직 기회가 있던 시절로 나를 돌려보내 달라고 부탁했어. 내가 지금 여기 있는 게 그 때문이야. 그 뒤 너를 알게 됐고, 우리 둘이 지금 여기 있게 된 거지. 우리에게 또 한 번의 기회는 없어. 이게 마지막이야. 이제부터는 우리가 무엇을 하고 있는지, 어떻게 해야 하는지 스스로 정확히 알고 행동을 해야만 해. 더 이상 알라딘의 반지에도 마법의 힘이 남아 있지 않으니까. 난 그렇다고 확신해."

처음에는 고개만 흔들던 요나스가 곧 폭소를 터뜨렸다.

"뭘 믿어야 할지 모르겠어."

노라는 창밖으로 시선을 던졌다. 순간 자기 또래 여자애가 앞마당을 가로질러 가는 것이 보였다. 얼굴은 보이지 않았지만 후딱 지나가는 모습에서 무언가 비밀스러운 느낌을 받았다.

노라는 깜짝 놀라 문 쪽으로 달려간 뒤, 문을 활짝 열고 소리쳤다.

"누구세요?"

뒤따라온 요나스는 노라가 누구에게 소리치는지 궁금해했다.

"꿈속의 노바였어. 잠이 들면 내가 되는 노바 말이야."

요나스가 노라의 어깨를 잡았다.

"너, 설마 여기 오두막 앞에서 미래의 네 증손녀를 봤다고 말하는 건 아니지?"

"맞아, 봤어!"

"넌 마치 그 애 사진이라도 찍을 수 있을 것처럼 말하는구나!"

노라는 한동안 생각에 잠겨 있다가 다시 입을 열었다.

"사진 따위는 중요하지 않아."

"그럼?"

"중요한 건 내가 노바를 실제로 봤다는 거야."

기후 재앙의 희생자

여름이다. 노바는 빨간 여름 원피스를 입고 있다. 네덜란드 헤이그에 있는 국제 기후 재판소로부터 증인으로 출석해 달라는 부탁을 받았다. 노바가 외국에 머무는 건 이번이 처음이다.

노바는 아랍 청년의 손을 잡고 헤이그 시내를 걷는다. 그사이 둘은 연인이 되었거나, 아니면 연인인 것처럼 행동한다. 청년은 검은 양복에 흰 와이셔츠를 입고 있다. 그렇게 입고 있으니 마치 정치인 같다. 청년도 증인으로 소환되었는데, 그 때문에 이렇게 근사하게 차려입은 듯하다. 겉보기에 둘은 젊은 부부 같기도 하지만, 부부인 척 장난을 치고 있을 가능성이 더 커 보인다.

두 사람은 높은 건물들 사이를 지나 큼직한 광장으로 걸어간다. 광장에는 낙타 십여 마리가 서 있다. 예전에는 주차장으로 썼던 공간이다. 바퀴 넷 달린 차들이 여전히 거리를 지나다닌다. 광장에도 몇 대가 서 있지만, 많은 차들이 전기 충전소에서 대기하고 있다.

수년 전 노르웨이는 국제 기후 재판소로부터 국가 석유 기금의 97퍼센트를 빈곤 퇴치와 기후 피해 보호를 위한 조치들, 예를 들어 제방과 댐 건설을 위해 사용하라는 판결을 받았다. 청년의 모국인 아랍에미리트도 상당히 무거운 처벌을 받았다. 석유와 석탄, 가스를 연료로 사용해 지구와 전 인류에 해를 가한 사람들은 마땅히 책임을 물어야 한다.

아직 남아 있는 화석 에너지를 너무 빠르게 소비하는 행위도 처벌받았다. 그런 행위 역시 지구촌 주민의 공동 재산을 약탈한 것이나 다름없기 때문이다. 노르웨이는 특히 중형을 선고받았다. 노르웨이 국영 석유 회사 스타토일사가 오일샌드에서 석유를 추출했기 때문이다.

오일샌드란 지하에서 생성된 원유가 지표면 근처로 이동하면서 수분이 사라져 돌이나 모래와 함께 굳어 버린 원유를 일컫는다. 오일샌드에서 정제한 석유는 일반 석유보다 이산화 탄소를 5~15퍼센트 정도 더 배출하고, 오일 추출에 사용된 막대한 양의 물은 폐수로 바뀌어 심각한 수질 오염까지 일으킨다. 한마디로 오일샌드 석유 추출은 심각한 환경 오염을 일으키는 나쁜 방식이다.

그러나 스타토일사는 어쩔 수 없었다고 해명했다. 그렇지 않으면 다른 회사들이 더 나쁜 방법을 사용했을 거란다. 이런 식의 해명이 변명의 공식처럼 세계적으로 널리 퍼졌다. 우리가 그렇게 하지 않았으면 다른 사람들이 훨씬 더 큰 해를 끼쳤을 거라는 논리다. 과거에 많은 전쟁 범죄자들도 헤이그에서 그런 논리로 자신의 범죄를 변명하고 옹호했다.

노바와 청년은 계단을 지나 법원 건물로 올라간다. 법원 안의 국제 기후 재판소에서 진술하기로 되어 있다. 많은 사람들의 눈이 그들에게로 쏠린다.

둘은 법정으로 가는 복도에서 한 TV 방송국과 인터뷰를 한다. 이렇게 멀리 외국 법정까지 와서 진술을 하는 이유가 무엇이냐는 질문에 노바는 카메라를 똑바로 바라보며 답한다.

"우리는 기후 재앙이 더는 국가들끼리 싸우고 다투고 할 문제가 아님을 증명할 생각입니다. 우리에게 대기권은 하나뿐입니다. 우주에서 보면 국가들 간의 경계는 보이지 않을 정도로 미미합니다. 지구에서 살아가는 모든 사람은 기후 재앙의 희생자들입니다."

노바는 청년이 자신의 손을 꼭 잡는 것을 느낀다. 노바의 말에 대한 동의의 뜻일 수도 있고, 설득력 있는 표현에 대한 칭찬일 수도 있다. 어쩌면 자기들 둘이 무언가 위대하고 중요한 것의 일부라는 사실을 알리고 싶은지도 모른다.

이번에는 청년이 카메라를 바라보며 말한다.

"우리 둘은 아주 빠른 속도로 부자가 된 산유국에서 태어났습니다. 차이가 있다면 나는 내 나라, 즉 아랍에미리트를 극심한 가뭄과 불볕더위로 인해 떠날 수밖에 없었다는 점입니다. 이제 그곳은 모든 것이 사막으로 변해 버렸습니다. 우리는 살아갈 땅을 잃어버렸습니다."

노바는 청년을 바라보며 웃는다. 그러고는 다시 한번 카메라로 시선을 던진다.

"이 청년은 이 세상의 수백만 기후 난민 가운데 한 사람입니다. 살 곳을 찾아 자기 나라를 떠난 청년은 우리나라에 정착했습니다."

빨간색 벙어리장갑

두 사람은 오두막을 치우기 시작했다. 노라는 난로를 정리했고, 요나스는 탁자를 닦았다. 요나스가 탁자를 닦으면서 지나가듯이 물었다. 오늘 이대로 노라네 집에 가서 잘 수 있는지, 아니면 아직도 쿠션 방에 아랍 소년이 있어서 자신이 가면 안 되는지를.

노라는 큰 소리를 내며 웃었다. 그러고 다시 정색을 하며 요나스의 두 손을 잡고는 눈을 들여다보며 말했다.

"오늘은 안 돼! 이해해 줘. 아직 해야 할 일이 있어. 편지를 써서 보내야 하거든. 시간을 지켜야 하는 일이야. 아까도 말했듯이, 내가 열일곱 살이 되기 전까지 꼭 처리해야 해."

노라는 인쇄물과 신문 기사를 챙겨 비닐봉지에 담은 뒤 다시 점퍼 주머니에 집어넣었다. 요나스는 자신의 보고서를 손으로 접었다.

"1,001종의 동식물을 어떻게 구할 거냐는 네 질문에 좀 더 근사한 대답을 해 주고 싶었어. 근데 내가 예전에 썼던 보고서부터 먼저 집어 든 걸 보면 그 일을 너무 가볍게 생각했나 봐."

"아냐, 요나스. 네 답은 충분히 흥미로웠어."

요나스는 노라의 어깨에 손을 올리고 노라를 뚫어져라 바라보았다.

"어쨌든 너와 끝나지 않아서 기뻐."

"너와 끝내고 싶은 마음이 든 적은 한 번도 없었어. 너와 항상 함께 있고 싶어."

둘은 함께 스키를 타고 산 아래로 내려갔다. 곧 갈림길이 나왔다. 헤어지기 전에 요나스가 노라에게 물었다.

"누구에게 쓰는 편지야? 혹시 나도 아는 사람이야? 아니면……, 혹시 그 소년?"

노라는 약을 올리기라도 하듯 대답을 바로 하지 않았다. 언젠가는 요나스도 알게 될 사람이지만, 아직은 그럴 때가 아니라고 하면서.

그런데 갑자기 무언가 요나스의 관심을 끈 모양이었다. 요나스는 노라의 빨간색 벙어리장갑을 유심히 살펴보더니 이렇게 말했다.

"전에는 파란색 장갑 아니었어?"

노라가 싱긋 웃으며 고개를 끄덕였다.

"파란 장갑은 어디 있어?"

노라가 장갑 낀 두 손을 들어 올렸다.

"여기!"

노라가 장갑을 까뒤집자, 장갑은 순식간에 파란색으로 바뀌었다. 양면으로 사용할 수 있는 장갑이었다. 한쪽은 파란색, 다른 한쪽은 빨간색이었다.

요나스가 절레절레 고개를 흔들더니 노라를 와락 끌어안았다.

"노라, 조심해서 내려가. 그리고 다른 세계는……, 제발 보지 마. 사라져서는 안 돼. 다른 세계에 빠져 길을 잃지 않겠다고 약속해 줘! 장갑을 뒤집듯, 그렇게 쉽게 다른 세계로 빠져 버리면 안 돼!"

최신식 홀로그램의
가짜 동물원

두 사람은 전철을 타고 헤이그 시내를 지나간다. 뜨거운 날씨다. 둘 다 청바지에 밝은 색 티셔츠를 입고 있다. 청년은 이렇게 입고 있으니 전혀 아랍 출신 같지 않다.

두 사람은 큰 공원 입구에서 내린다. 공원 정문 위에는 커다란 표지판이 걸려 있고, 거기엔 붉은 글씨로 '국제 동물원'이라고 적혀 있다. 입장은 무료다. 헤이그 국제 동물원은 전 인류의 공동 재산으로 유네스코 세계 문화유산 목록에 올라 있다.

공원에 들어서자 탁 트인 초원과 사바나 풍경이 펼쳐지며, 그 위에서 마음껏 뛰노는 동물들이 보인다. 여기선 호랑이나 사자같이 위험한 맹수들도 자유롭게 돌아다닌다. 그 옆에는 영양이나 사슴, 곤충을 먹고사는 동물들, 설치류, 유인원, 그리고 캥거루 같은 유대류가 태평하게 풀을 뜯으며 노닌다.

이걸 본 사람들은 동물들이 유순하게 길들여졌다고 생각할지도 모르겠다. 하지만 노바는 진실을 안다. 여기 보이는 동물들이 진짜가 아니란 걸. 이들은 최신식 홀로그램이다. 그러니까 피와 살로 이루어진 동물이 아니라 레이저 광선이 만들어 낸 가짜 동물인 셈이다.

동물의 색깔과 모양, 움직임은 거의 완벽에 가까울 정도다. 별안간 두 사람 앞으로 거대한 캥거루 한 마리가 풀쩍 뛰어오른다. 이어서 흑표범 한 마리가 맹렬한 속도로 휙 지나간다. 공중에서는 비둘기와 맹금류가 나란히 날개를 치며 미끄러진다. 실제와 구분되는 유일한 차이점은, 이들이 소리를 내지 못한다는 점이다. 따라서 동물원은 매우 고요하다. 사람들이 두런대는 말소리만 간간이 들린다.

서글프지만, 인간과 동물 서로에게 위험한 일은 없다. 또한 돌봐 주거나 먹이를 줄 필요도 없고, 이나 벼룩 같은 기생충에게 시달릴 염려도 없다. 똥을 싸지 않으니 치울 일도 없다.

청년은 오른팔로 노바의 어깨를 감싼다. 이 거대한 동물원을 걷는 건 어제의 세계를 걷는 것과 같다. 마치 에덴동산에 있는 느낌이다!

세계 정부가 다른 도시를 제쳐 두고 헤이그에 국제 동물원을 조성한 데에는 그만한 이유가 있다. 헤이그에는 국제 재판소들이 몰려 있기 때문에, 세계 곳곳의 파괴된 생태계를 보여 주는 생생한 증거로써 가장 큰 효과를 줄 수 있기 때문이다. 국제 동물원에서 볼 수 있는 동물들의 진짜 살아 있는 개체는 지구상에서 완전히 사라졌다. 그와 함께 그들이 살았던 환경과 서식지도 없어졌다.

이 거대한 동물원에 있는 식물들도 죄다 가상 현실이다. 곳곳에 보이는 덤불과 나무 역시 현실에서는 멸종된 지 오래다. 두 사람이 밟고 지나가는 잔디만이 아직 진짜다. 노바는 느슨해진 신발 끈을 묶으려고 몸을 숙이는 순간, 불꽃처럼 붉은 색깔의 쪼그만 진딧물을 발견한다. 이건 살아 있는 게 아닐까? 하지만 확실하지는 않다.

자칼 한 마리가 집요하게 두 사람 앞을 몇 번이나 가로막는다. 청년이 자칼을 발로 쓱 밀어 보지만, 고집 센 녀석은 꿈쩍도 하지 않는다. 그럴 수밖에. 이건 신기루일 뿐이니까.

청년은 멈추어 서서 자칼이 지나가기를 기다린다. 그러다 노바의 갈색 머리를 쓰다듬으며 묻는다.

"이 공원은 새삼스런 재미일까, 아니면 씁쓰레한 추억일까?"

노바는 청년의 손을 꼭 잡고는 얼굴을 바라본다.

"우리 인간이 절대 잊어서는 안 될, 대멸종에 대한 불편하지만 반드시 필요한 기억이겠지."

내 정체성의 가장
소중한 알맹이, 지구

벌써 어스름이 깔리고 있었다. 노라는 자작나무로 뒤덮인 마지막 비탈을 지나 산속의 한 주차장에서 시작되는 길을 따라 내려갔다. 갈림길이 없는 길이었다.

그런데 문득 아까 산속 오두막에서 봤던 그 소녀를 발견했다. 소녀는 재빨리 길에서 벗어나 숲으로 사라졌는데, 옆구리에 푸르스름한 빛을 내는 작은 기계를 끼고 있었다. 이번에는 잠깐이지만 소녀의 얼굴을 보았다. 노라 자신과 약간 닮은 듯했다.

이제야 노라는 꿈속에서 자신이기도 했던 노바의 얼굴을 한 번도 확인하지 않았다는 사실이 떠올랐다. 꿈에서 거울 앞에 섰던 적이 한 번도 없었던 것이다. 그런 생각을 하지 못하다니, 참 바보 같았다.

노라는 미끄러지듯 눈 위를 달리던 스키를 급히 멈추고 소녀가 사라진 곳으로 올라갔다. 눈 위에 발자국이 남아 있었다. 발자국을 따라가니 자작나무 숲속 한가운데 작은 공터가 나타났다. 그러나 노라가 찾던 소녀는 하늘로 솟았는지, 땅으로 꺼졌는지 보이지 않았다.

어둠이 짙어졌지만 아직 깜깜하지는 않았다. 달이 뜨지 않아서 그런지, 점점이 박힌 별들이 하늘에서 유난히 도드라져 보였다.

노라는 어딘가에서 읽은 글이 떠올랐다. 태양에서 가장 가까운 별인 알파센타우리는 지구에서 4.3광년 떨어져 있는데, 가장 빠른 점보제트기로 쉴 새 없이 달려도 오백만 년이 걸린단다. 이런 생각을 하자 노라는 지구가 더욱 애틋하게 느껴졌다.

문득 빨간 상자에 넣어 둔 신문 사설이 떠올랐다. 인간은 생각보다 훨씬 더 거대한 존재이니 용기를 가지라는 내용이었다. 지금 점퍼 주머니에 들어 있지만, 숲속이 너무 어두워 읽을 수가 없었다. 게다가 손전등도 없었다.

순간 노라는 미래의 증손녀가 휴대용 단말기를 들고 공터에 앉아 있던 기억이 났다. 장갑을 벗고 주머니에서 스마트폰을 꺼낸 뒤, 머릿속에 떠오르는 신문 기사 문구를 인터넷 검색창에 입력했다. '당신은 어떤 선택을 할 것인가?'라는 문장이었다. 일 초도 지나지 않아 신문 기사가 화면에 떠올랐다. 노라는 기사를 읽기 시작했다.

인간은 무엇인가? 만일 내가 단순히 '나 자신'으로만 그친다면, 그저 그런 하나의 생명체에 불과할 것이다. 긴 관점에서 보자면 그렇다. 지금의 나는 태어나서부터 생각을 하고, 무엇인가를 만들고, 말을 할 수 있었던 것이 아니다. 내가 태어난 시점에서 나는 인류가 긴 시간 동안 만들어 온 결과물의 혜택을 받았기에 사람다운 삶이 가능했다. 그러니 내게는 약한 육체와 지상에서의 짧은 삶보다 훨씬 깊은 정체성이 하나 더 있는 셈이다.

당신은 다음과 같은 상황에서 어떤 것을 선택할 것인가? 첫째, 내가 여기서 당장 죽으면 앞으로 인류는 수천 년 더 살 수 있다. 둘째, 나는 건강하게 백 살까지 살 수 있지만 인류는 나와 함께 죽어야 한다.

둘 중 하나를 선택해야 한다면 나는 일 초도 망설이지 않고 당장 죽는 쪽을 택할 것이다. 이것을 희생이라고 생각하지 않는다. 내가 '나'라고 생각하는 것 속에는 '인류'로 대변되는 것들이 수없이 담겨 있기 때문이다.

나는 개인이면서 동시에 인류의 일부다. 내 몸이 얼마 뒤 사라져 없어질지 모른다는 공포감보다, 인류가 백 년, 혹은 천 년 뒤에 완전히 소멸될 수도 있다는 공포감이 훨씬 더 크다.

대부분의 영화에서 한 개인이 인류를 구하기 위해 희생을 하는 장면은 단지 영화이기 때문이 아니다. 만약 사람들이 실제로 같은 상황에 처하게 된다면, 대부분 영화 속 주인공과 동일한 선택을 할 확률이 훨씬 높다.

나는 지구도 마찬가지라는 생각이 든다. 지구 역시 인류와 마찬가지로 '나'이다. 내 유전자에는 지구의 흔적이 아로새겨져 있으니까. 따라서 지구의 운명은 내게 매우 중요하다. 내 정체성의 가장 소중한 알맹이인 만큼, 나는 지구를 잃고 싶지 않다.

누가 이 글을 썼는지는 나와 있지 않았다. 노라는 잠시 서서 이 글을 쓴 사람이 누구일지 생각해 보았다. 여자일까? 남자일까?

노라는 갑자기 웃음이 터져 나왔다. 인간이란, 그리고 지구란, 개인을 넘어 훨씬 더 크고 오래된 존재라는 사실을 강조하는 마당에 이 글을 쓴 사람이 누구인지가 뭐 그리 중요할까?

어쩌면 글쓴이를 밝히지 않은 것이 당연할지도 모른다.

두 사람만의
은밀한 우주여행

　노바는 아랍 청년과 함께 우주선에 타고 있다. 그들은 지구 환경을
위해 노력한 공을 인정받아 큰 상을 받았는데, 부상으로 우주선을 타
고 나가 우주에서 지구를 볼 수 있는 특별한 기회를 얻었다.

　조그마한 우주선 안에 둘만 앉아 있다. 기계 조작은 몰라도 된다.
모든 건 컴퓨터가 알아서 해 준다. 노바와 청년은 느긋하게 의자에 등
을 기대고 앉아 여행을 즐기기만 하면 된다.

　우주선 아래로 지구가 보인다. 둘의 머릿속에 예전에 본 지구의 영
상이 떠오른다. 백여 년 전, 달 탐사를 목표로 한 '아폴로 계획' 기간
에 촬영한 푸른 빛깔의 아름다운 지구다.

이제는 그런 지구의 모습은 거의 찾아볼 수 없다. 우주에서 보니 지구는 백 년 전보다 구름이 훨씬 많고, 폭풍우가 몰아치는 지역도 많다. 저 아래 지구 표면에서 올려다볼 때와 별반 다르지 않다. 백 년 전 알록달록한 유리구슬 같던 지구는 지금 칙칙한 털실 뭉치처럼 보인다.

구름과 폭풍우에도 불구하고 지구를 벗어나 이렇게 우주에 떠 있는 건 표현하기 어려울 정도로 멋진 경험이다. 자세히 살펴보니, 푸른 빛과 초록빛이 도는 지역이 얼룩처럼 간간이 남아 있긴 하다. 저기는 아프리카, 저기는 인도…….

두 사람이 가장 놀라워한 건 바로 고요함이다. 들리는 것이라곤 옆 사람의 숨소리가 유일하다. 노바는 청년의 심장 소리까지 들리는 듯하다. 아니, 자신의 심장 소리일지도.

청년은 줄곧 노바에게 시선을 고정시키고 미소를 짓는다.

"넌 정말 아름다워."

청년의 말에 당황한 노바는 아래쪽 지구로 눈을 돌린다. 자신이 살아온 둥근 행성이다. 노바는 낯간지러운 청년의 말에 자신이 사는 별도 아름답다고 대답할 수 있었으면 좋겠다고 생각한다. 실제로 과거의 지구는 보석처럼 아름다웠으니까.

지금 노바와 청년을 볼 수 있는 사람은 세상 어디에도 없다. 오직 둘뿐이고, 자기 자신과 서로에게만 내맡겨져 있다. 마치 세상에서 떨어져 나온 듯하다. 노바는 둘이서 이런 작은 우주선을 타고 지구 주위를 도는 것만큼, 좋아하는 사람과 은밀하게 함께하는 방법은 없을 것 같다는 생각이 든다.

우주 공간에서는 낮과 밤이 두 시간에 한 번씩 반복된다. 노바와 청년은 열두 번의 해돋이와 열두 번의 해넘이를 경험한다.

구름 위 하늘은 언제나 그렇듯 파랗다.

칠십일 년을
기다리는 편지

노라는 아빠와 함께 저녁을 먹고 나서 취침 인사를 한 뒤, 곧장 이층에 있는 자기 방으로 올라갔다. 아빠는 식사를 하는 내내 루비 반지 이야기만 했다. 스키를 탈 때는 절대로 반지를 끼면 안 된다, 그러다 반지를 잃어버리면 어떡하느냐는 둥 잔소리가 이어졌다.

아빠는 노라가 반지를 끼고 오두막에 갔다는 사실을 알고 나서 걱정이 되는 모양이었다. 하긴, 부츠나 스키를 신으려고 장갑을 벗을 때 반지가 빠질 수도 있으니까. 게다가 반지는 아직 노라의 손가락에 비해 약간 큰 편이었다. 노라가 열일곱 살이 될 때까지 기다렸다가 반지를 준 것도 그 때문이었다.

노라는 자신의 방 컴퓨터 앞에 앉았다. 미래의 노바에게 보낼 편지
는 이미 다 써서 자신의 환경 단체 블로그에 넣어 두었다. 편지를 쓰
다 보니 노바가 인터넷에서 찾았던 편지의 내용이 점점 더 상세히 떠
올랐지만, 대부분은 머리를 짜내서 다시 썼다.

노라는 자신이 쓴 글을 다시 한번 읽어 보았다.

사랑하는 노바에게,

네가 이 편지를 읽을 즈음에는 세상이 어떻게 변해 있을까? 너는 물론
잘 알고 있겠지. 기후의 재앙이 얼마나 심각한지, 자연이 그사이에 얼마
나 쪼그라들었는지 말이야. 심지어 넌 어떤 종의 동식물이 이 세상에 더
이상 존재하지 않는지도 정확히 알고 있겠구나.

너에게 편지를 쓰는 게 어렵게 느껴져. 몇 세대 후 이 땅에 살고 있을
사람에게 쓰는 편지이니만큼 당연히 쉽지 않겠지. 그것도 바로 내 증손
녀에게! 하지만 할 수 있는 한 진심을 담아서 솔직하게 이야기해 볼게.

내가 사는 나라는 지구에서 가장 부유한 국가 중 하나야. 그래서 그
런 걸까? 사람들은 한 가지 생각밖에 하지 않아. '소비'니 '욕망'이니 하
는 것들이지. 물론 사는 데 꼭 필요한 생필품이 모자라서 고통을 겪는 나
라도 많아. 그런데도 우리가 소비와 욕망 따위에 눈이 먼 것은 아마 모든

소비에는 한도가 있다는 사실을 외면하고 있기 때문일 거야.

우리의 욕망은 채워도 채워도 가득 차지 않는, 금이 가서 물이 새는 잔과 같아. 그래서 우리가 '만족'이라는 말 대신 훨씬 자주 사용하는 말은 바로 '더 많이'야.

이런 끝없는 소비와 욕망이 어떤 결과로 나타날지는 네가 나보다 더 잘 알고 있을 거야. 물론 벌써 그린란드와 북극의 얼음은 녹기 시작했고, 새로운 유전과 가스 등 지하자원를 찾는 전쟁은 이미 시작되었어. 정치인들은 지구상에 남은 마지막 석유 한 방울까지 모조리 찾아내야 한다고 말해. 세상에 더 많은 에너지가 필요하기 때문이라나. 그들은 가난한 사람들을 도우려면 더 많은 석유와 가스가 필요하다고 주장하지.

하지만 그건 거짓말이야. 석유와 가스가 가난한 사람들의 이익과는 아무 상관이 없다는 건 정치인들 스스로 너무나 잘 알고 있어. 또한 부자들이 더 많은 석유와 가스를 소비할수록 가난한 사람들의 상황이 더욱더 나빠질 거라는 사실도 분명히 알고 있지.

문제는 석유 회사와 부유한 산유국들이 더 많은 이익을 올리려고 애를 쓴다는 사실이야. 더 많이! 더 많이! 정치인들은 새로운 유전과 가스 매장지를 그냥 내버려둘 생각이 전혀 없어. 게다가 안타깝게도 정치인들의 행동을 비판하는 여론 자체도 부족한 실정이야.

우리가 잘 사용하지 않는 또 다른 말은 '절약'이야. 반면에 '환경 친화'나 '탄소 중립(배출한 이산화 탄소를 다시 흡수하는 일. 중립을 위루기 위해서는 이산화 탄소 배출을 중지하거나, 배출한 이산화 탄소를 흡수할 만큼 숲을 조성해야 한다.—옮긴이)'처럼 허울 좋은 말로만 떠들어 대고 있지. 너도 잘 알겠지만, 실질적으로는 별 도움이 되지 않는 말들이야.

내가 너에게 제시할 수 있는 건 많지 않아. 그렇지만 이것 말고 우리가 미래 세대를 위해 지구의 자원을 어떻게 보존할 수 있을지, 더 나은 해결책은 떠오르지 않네. 그럼, 다음 상황을 상상해 봐!

사람들이 지나다니는 세계 곳곳, 그러니까 들판과 숲, 산과 계곡, 광장과 사거리, 지하철역과 공항 같은 곳에 녹색 자동판매기를 설치하는 거야. 자동판매기에 체크 카드나 신용 카드를 넣으면 지구 곳곳의 자연 현장을 촬영한 멋진 동영상을 볼 수 있어. 어떤 사람은 특정 식물이나 동물을 더 자세히 보고 싶어 할 거고, 어떤 사람은 수천 종의 생물이 살아가는 특별한 생태계에 관심을 보일 수도 있겠지.

중요한 건 각자 자신이 좋아하고, 지키고 싶어 하고, 책임을 지고 싶어 하는 자연의 일부를 체험한다는 사실이야. 이 자동판매기는 전 세계에 설치될 테니까 아마도 상당한 돈이 모일 거야. 그렇게 모인 돈은 지구의 자연을 구하는 일에 쓰여야 하겠지.

자동판매기를 이용하면서 복권을 사거나 게임을 즐길 수도 있어. 자연 보호에 웬 게임이냐고? 하지만 세계의 미래는 어쩌면 새로운 차원의 게임 자판기에 달려 있을지도 몰라. 그걸 인정할 수밖에 없다는 사실에 가슴이 아파 오네.

미래에 대해서는 모르는 것이 많아. 다만, 내가 미래를 만드는 일에 조그마한 힘이라도 보태고 싶다는 건 분명히 알 수 있어. 어쩌면 난 지금 이 순간 첫걸음을 내디뎠을지도 몰라.

너와 네 세상에 정말 좋은 일만 가득하길 두 손 모아 빈다.

_증조할머니 노라 니루

순간, 정확하게 자정이 되었다. 2013년 12월 12일, 노라의 생일이었다. 노라는 시곗바늘이 12시를 가리키는데도 별반 특별한 일이 일어나지 않는다는 게 좀 놀라웠다.

아래쪽 주유소에서 자동차 두 대가 갑자기 충돌하지도 않았고, 책꽂이에서 책이 뚝 떨어지지도 않았다. 아니, 지붕에 쌓인 눈이 좀 쏟아져 내릴 수도 있으련만 그런 일조차 일어나지 않았다.

대신 자정 직후에 벤야민 박사가 보낸 문자 메시지가 도착했다.

다 잘됐어.^^ 몇 분 전 에스테르가 풀려났어. 다친 데도 없이 무사하다더구나.
방금 전화 통화도 했어. 힘을 줘서 고마웠다. 네 덕분에 조깅을 했더니 건강해진
것 같아. ㅋㅋㅋ

노라는 안도의 한숨을 내쉬었다. 눈가에 눈물이 맺히는 게 느껴졌
다. 그때 문득 떠오르는 생각이 있었다. 노라는 바로 전화를 걸었다.

"노라?"

"전 따님이 풀려날 거라고 확신하고 있었어요. 그것도 12월 12일에
말이에요."

"어째서?"

"방금 세상이 크게 방향을 틀었거든요. 우린 막 새로운 세상의 문
턱을 넘었어요."

"그게 무슨 말이니?"

"지금 다 말씀드릴 수는 없어요. 다만, 방금 제가 열일곱 살이 된 것
과 관련이 있다는 것만 말씀드릴게요."

"아, 오늘이 생일이라고? 축하한다!"

"고마워요."

"노라, 바로 전화해 준 건 고맙지만, 나중에 다시 전화하는 게…….."

"빨리 말씀드리고 끊을게요."

"그래, 짧게 해 줘."

"전에도 말씀드렸듯이, 전 항상 꿈을 꿔요. 꿈속에서 제가 제 증손녀가 되곤 했는데……, 문제는 이제 꿈에서 깨어나도 증손녀가 보여요. 혹시 이건 병인가요? 아직도 제가 병든 게 아니라고 말씀해 주실 수 있나요?"

"병들지 않았어, 노라. 어쩌면 넌 말이다…….'"

"어쩌면?"

"다른 대부분의 사람들보다 건강해서 그럴 수 있어. 더 많은 사람들이 너처럼 되어야 할지도 모르지."

"어째서요?"

"먼 훗날의 일을 내 일처럼 걱정하고 있지 않니? 그래야 제대로 된 인간이겠지. 나중에 지구를 물려받을 후손들을 항상 생각하면서 살아가는 게 옳아."

"좋은 말씀이에요!"

"노라야, 혹시 내가 너에 대한 비밀 엄수의 의무를 깨도 되겠니?"

"전 숨길 게 없는데요! 무슨 일 때문에 그러세요?"

"에스테르한테 네 이야기를 해 주고 싶어서. 널 보면 어릴 때 딸아이가 생각나거든. 너처럼 솔직하고 에너지가 넘쳤지."

"전 괜찮아요. 얼마든지요."

"사실 난 의사니까, 환자에 대한 이야기를 남에게 하면 안 돼."

"전 괜찮아요. 이 순간부터 박사님께 비밀 엄수의 의무를 해제시켜 드릴게요. 언니에게 제 안부를 전해 주시면 더욱 좋고요. 사실 박사님 은 저한테 치료가 필요 없다는 걸 확인해 주셨을 뿐이잖아요. 그러니 전 박사님의 환자가 아니라고 생각해요."

"그래, 네 말이 맞다."

"박사님은 좋은 친구예요. 그뿐이에요."

"그럼, 이야기는 끝난 거다. 잘 자, 노라!"

"안녕히 주무세요!"

노라는 잠자리에 들 채비를 했다. 지난밤 이후로 겨우 하루가 지났 을 뿐인데, 엄청나게 긴 시간이 흐른 것 같았다. 아마도 잠에서 깨자 마자 간밤의 꿈이 새록새록 떠올랐기 때문인지도 몰랐다.

논리적 오류와
또 한 번의 기회

아직 이른 아침이다. 밖에는 양동이로 쏟아붓듯 비가 내린다. 노바
는 붉은 방 침대에 앉아 단말기로 무언가를 읽고 있다. 방에 혼자만
있다고 생각했는데, 우마가 창가에 서서 골짜기 쪽을 내려다보고 있
다. 노바가 헛기침을 하자 그제서야 우마가 몸을 돌린다.

"왜?"

노바는 방금 단말기로 불러낸 편지를 할머니에게 읽어 준다.

네가 이 편지를 읽을 즈음에는 세상이 어떻게 변해 있을까? 너는 물론
잘 알고 있겠지. 기후의 재앙이…….

우마는 한 걸음 뒤로 물러나며 왼손을 휘두른다. 루비 반지가 손가락에서 반짝거린다. 자신의 힘을 보여 주려는 사람의 몸짓 같다.

"내가 쓴 편지를 드디어 찾았구나!"

"그 후 녹색 자동판매기는 어떻게 됐어요?"

우마는 증손녀를 꼿꼿이 바라보더니 퉁명스럽게 말한다.

"노바야, 조심해야지. 모순이 생기면 안 돼. 내가 그 질문에 뭐라고 답변하든 논리적 오류가 생기게 되어 있어."

"그럼, 증조할아버지의 이름을 묻는 것도 논리적 오류예요?"

할머니는 고개를 삐딱하게 기울여 갸우뚱거린다.

"벌써 잊었니? 할아버지 무릎에 앉아 있었던 게 그리 오래전이 아닌데. 네 머릿속에 방금 떠오른 이름은 요나스일 거야."

"요나스?"

"내가 이야기하지 않았니? 우린 항상 산속 오두막에서 만났다고? 요나스는 집에서부터 스키를 타고 고원을 지나왔지."

"맞아요, 기억나요. 근데 지금 고원에는 나무만 무성한걸요."

노라는 증손녀를 엄한 눈으로 바라보면서 야단치듯 말한다.

"조심하래도! 네 말에 다시 논리적 오류가 끼어들고 있어. 세상은 이제 다시 한번 기회를 얻었다니까!"

너와 함께라면
뭐든 할 수 있어

노라는 한동안 가만히 누워, 꽁꽁 언 벽에서 나는 소리에 귀를 기울였다. 그러다 스르르 잠이 들었는데, 꿈에서 빨간 새 한 마리가 부리로 창문을 콕콕 쪼며 안으로 들어오려는 장면이 펼쳐졌다.

꿈이 어찌나 생생하던지, 노라는 잠이 깨고 말았다. 스마트폰을 살펴보니 문자 메시지가 와 있었다. 혹시 이것 때문에 깬 거였나?

요나스에게서 온 문자였다.

자?

아니, 너 때문에 깼어.

생일 축하해!

고마워.

그거 읽었어.

뭘?

네가 쓴 거. 블로그에 올려놓았잖아.

헐, 누군가 칠십일 년 뒤에나 읽을 거라고 생각했는데. 지금 전화할 수 있어?

곧 스마트폰이 울렸다. 요나스의 목소리가 들렸다.

"인질극이 무사히 해결된 거 알고 있어?"

"응, 알아. 박사님과 통화했어. 무척 좋아하시더라고."

노라의 수다가 끝나자 이젠 요나스 차례였다. 요나스는 쉬지 않고 생일 축하 인사를 퍼부었다. 그다음엔 노라가 인터넷에 올려놓은 편지에 대해 칭찬의 말을 쏟아 냈다. 특히 녹색 자동판매기 얘기가 편지 안에 있는 걸 보고 무척 반가웠다나.

끝으로, 요나스는 헛기침을 하더니 진지하게 말했다.

"편지 마지막 부분이 흥미진진했어. '미래에 대해서는 모르는 게 많아. 다만 내가 미래를 만드는 일에 조그마한 힘이라도 보태고 싶다는 건 분명히 알 수 있어. 어쩌면 난 지금 이 순간 첫걸음을 내디뎠을지도 몰라.' 하는 부분."

"그건 내 증손녀한테 쓴 건데?"

요나스는 다시 헛기침을 했다.

"내가 증조할아버지가 될 수도 있으니까."

노라가 깔깔 웃었다. 어찌나 크게 웃었던지, 아래층에서 주무시는 아빠가 깨지 않을까 걱정이 될 정도였다.

노라가 속삭이듯 말했다.

"그럼 지금 이리 와, 요나스!"

이번에는 요나스가 웃음을 터뜨렸다.

"지금? 말도 안 돼!"

"세상에 말이 안 되는 게 얼마나 많은데."

"그래도 지금 바로 증조할머니 증조할아버지가 될 순 없을걸."

노라가 다시 웃었다.

"솔직히 말하면, 자식을 낳는 것 말고도 몇 가지 할 일이 더 있어. 예를 들어, 여름에 자전거를 타고 산에 가고 싶어. 같이 가지 않을래?"

"대신에 네가 나와 함께 기차를 타고 로마에 가 준다면."

"로마에 가고 싶어?"

"물론이지."

"좋아, 같이 가. 난 상관없어. 근데 네덜란드를 거쳐서 로마에 갈 수도 있을까?"

"당연하지. 네덜란드라고 로마에 가려는 사람이 없겠어? 그런데 네 덜란드는 왜?"

"헤이그에 들르고 싶어."

"헤이그? 왜? 전쟁 범죄자들과 무슨 약속이라도 있어?"

"장난은 이제 그만! 아마 언젠가 헤이그에 국제 기후 재판소가 생길 거야. 거기서 찾아볼 게 있어. 아주 거대한 공원인데, 아마도 웬만한 작은 도시만 할 거야. 너한테 꼭 보여 주고 싶어."

"자꾸 궁금해지네."

"우리가 한 번 더 기회를 얻었다고 한 거 잊지 않았지? 무엇보다 중요한 건 그거야. 그러려면 함께할 사람들을 되도록 많이 모아야 해."

"당연하지."

"네 생각은 어때? 가능할 것 같아? 난 사실 그렇게 될 거라고 무조건 믿고 있어."

"그렇긴 한데……."

"낙관하는 거야, 비관하는 거야?"

"글쎄……, 아마 둘 다일걸. 그러는 넌?"

"난 좋은 생각만 하려고. 세상을 비관적으로 바라보는 건 좋지 않은 일이라는 생각이 들어서."

"좋지 않은 일이라고?"

"어쩌면 비관주의는 게으름의 다른 말일 뿐이라는 생각이 들어. 물론 걱정을 할 수는 있지. 하지만 걱정하는 거랑 비관하는 거는 달라. 비관주의는 안 될 거라며 지레 포기하는 것에 가까우니까."

"그건 맞는 말인 것 같다."

"게다가 '희망'이라는 건 그냥 가만히 앉아서 다 잘될 거라고 기대만 하는 게 아니라, 현실과 맞부딪쳐 싸워야 한다는 뜻이지. 요나스, 함께하지 않을래? 나랑 세상 속으로 들어가 같이 싸워 보는 거야."

"너와 함께라면 뭐든 할 수 있어."

"그럼 네 의지가 얼마나 굳은지 시험해 보겠어."

"좋아, 얼마든지!"

"난 지금과 같은 비이성적인 세계에서 살아가는 게 정말 끔찍해. 나한테 열일곱 살과 열여섯 살은 엄청나게 다른 느낌이야. 갑자기 할 일도 아주 많아졌어. 내일 학교에 가기 전에 내가 뭘 하려는지 알아?"

"글쎄, 내가 무슨 예언자인 줄 알아?"

"얼마나 많은 진딧물 종이 있는지 알아낼 거야."

"다 알아내지 못할걸?"

"네가 먼저 보고서에서 진딧물에 대해 이야기했잖아. 멸종 위험에 빠진 모든 진딧물 종을 위해 하나의 기금을 만들자고 말이야. 그래서 진딧물 종이 지금 얼마나 남아 있는지 알아보려고 해."

"하지만……, 지금은 좀 자 두는 게 좋지 않을까?"

"네가 이러면 안 되지! 막 잠이 들려다가 너 때문에 깼단 말이야."

"다시 누우면 곧 잠이 올 거야. 내 말 믿어. 게다가 내일은 생일이니까, 너희 아빠가 일찍 깨우지 않으실까? 생일날 아침에는 보통 케이크를 자르곤 하니까 말이야."

"난 케이크를 자르면서 좋아할 만큼 어린애가 아니야! 만약 잠이 안 오면 내가 뭘 할 것 같아?"

"양 한 마리, 양 두 마리, 이렇게 세겠지."

"아니. 완전히 틀리지는 않았지만, 정답도 아니야. 난 눈을 감고 진딧물을 셀 거야. 잽싸게 움직이는 그 조그만 곤충 말이야. 꿈나라에 들기 전까지 몇 마리나 헤아렸는지 내일 얘기해 줄게."

"이러다 나도 너처럼 진딧물이나 세다가 잠들지도 모르겠네. 누가 더 늦게 잠들었는지는 내일 보면 알겠지. 잘 자, 노라!"

인간이라는 사실이 부끄러운 날

밤이다. 칠흑같이 어둡다. 그러나 무척 덥다. 그녀는 비슷한 또래로 보이는 남자 셋과 마을 변두리 바닥에 앉아 있다. 푸르스름한 가스등 불빛에 남자들이 기관 단총으로 무장하고 있는 게 보인다. 가스등은 허름한 헛간 처마에 걸려 있다. 헛간 벽에는 옥수수 포대가 기대어 있는데, 포대에 '세계 식량 계획' 마크가 선명하게 찍혀 있다.

덤불에서 찌르르 귀뚜라미 울음소리가 들린다. 근처에서 여자들의 수다 소리와 염소 울음소리, 아기 울음소리가 뒤섞여 들려온다. 얼마 뒤, 아기 울음소리가 뚝 그친다. 아마도 엄마가 아기를 어르고 있는 모양이다.

무섭지는 않았다. 그녀의 머릿속에 자신의 이름이 에스테르이며, 지금 소말리아와 케냐의 국경 어딘가에 인질로 잡혀 있다는 생각이 서서히 떠오른다.

가스등 불빛 앞에서 박쥐들이 날개를 퍼덕이며 날아다닌다. 그녀는 인질범들을 본다. 그들이 고개를 끄덕이자 그녀는 주사위를 들고 던진다. 여러 개의 주사위가 적갈색 진흙 바닥 위로 데구르르 구른다. 이윽고 주사위들이 멈추어 선다. 모두 6을 가리킨다. 그녀가 당황스럽게 웃는다. 전부 6이 나오는 경우는 아주 드물다. 기관 단총을 든 남자들도 껄껄 웃는다.

"당신이 이겼어!"

한 남자가 말한다. 다른 남자가 낮은 목소리로 덧붙인다.

"북쪽에서 온 백인들은 항상 이겨."

그들 사이에 붉은 주스 병 하나와 유리잔 네 개가 놓여 있다. 한 남자가 잔에 주스를 따른다.

그녀는 고개를 든다. 초승달이다. 하늘엔 별들이 쏟아질 듯 떠 있다. 저렇게 크고 밝은 별은 처음이다. 광활하고 평화로운 우주를 쳐다보고 있자니, 세상에 이렇게 많은 전쟁과 갈등이 존재한다는 사실이 도무지 믿기지 않는다.

그녀는 갑자기 인간이라는 사실이 부끄러워진다. 힘차게 울어 대는 귀뚜라미 소리와 근처의 인가에서 드문드문 들리는 목소리들로 밤의 정적이 더욱 도드라지는 느낌이다.

그런데 별안간 덤불 속에서 무언가가 움직인다. 이어 날카로운 총소리와 알아들을 수 없는 말로 내지르는 성난 명령들이 밤의 고요함을 한순간에 깨뜨린다. 인질범 중 하나가 콩 볶듯 기관 단총을 발사해 본다. 하지만 그뿐이다. 얼마 뒤, 모두들 바닥에 엎드려 살려 달라고 빈다.

에스테르도 남자들이 하는 대로 따라 한다. 바닥에 엎드려 살려 달라고 애원한다. 마을에서는 방금 전까지 웃고 떠들던 여자들의 공포에 질린 비명 소리가 들린다. 아기도 다시 울기 시작한다.

얼마 뒤, 어둠 속에서 초록색 지프차가 나타난다. 군인들은 인질범들에게 수갑을 채워 차에 태운다. 녹색 군복을 입은 장교가 에스테르를 안심시키며 유창한 영어로 말한다.

"당신 아버지 벤야민이 안부 전해 달랍니다!"

노라의
열일곱 번째 생일

노라는 몇 시간밖에 자지 못했다. 그런데도 잠에서 깨어났을 때는 몇 달 동안 여행을 떠나 있다가 돌아온 기분이었다. 그것도 멀고 먼 외국으로 말이다.

전화벨이 울리기 직전, 아니 바로 전화벨이 울리는 순간이었을까? 노라는 자신이 꿈속에서 에스테르였고, 아프리카의 뿔 지역에 인질로 잡혀 있었던 사실이 퍼뜩 떠올랐다.

노라는 요나스가 전화를 걸었다고 생각하고는 바로 스마트폰을 귀에 가져다 댔다.

"왜?"

그런데 스마트폰 저쪽에서 낯선 여자의 목소리가 들려왔다.

"노라랑 통화할 수 있을까?"

"예?"

"난 에스테르 안톤센이라고 해. 지금 나이로비에서 전화하고 있어."

노라는 움찔했다.

"……도무지 이해할 수가 없네요. 방금 일어났는데, 꿈속에서 제가 바로 언니였거든요. 그런데 꿈에서 깨어나자마자 언니가 전화를……. 그런데 전화는 왜 하신 거예요?"

"축하해 주려고. 오늘 열일곱 살이 된다면서?"

"아, 고맙습니다!"

"아빠한테 네 얘기 들었어. 너한테 전화를 걸어 생일 축하 인사를 해 줬으면 하시더라고. 내가 어떻게 될지 아무도 모르는 상황에서 아빠한테 용기를 줬다면서? 고마워, 쉽지 않은 일이었을 텐데."

노라는 자신이 벤야민 박사에게 도움이 되었다는 사실이 뿌듯했다.

"제가 박사님께 비밀 엄수의 의무를 해제해 드리고, 언니한테 안부 인사를 전해 달라고 부탁했어요. 난 언니 같은 사람이 존경스럽거든요. 세상에서 제일 가난한 사람들을 돕기 위해 어려움 속으로 기꺼이 뛰어들었잖아요."

노라가 말을 잇기 전에 에스테르가 물었다.

"그런데 정말로 내 꿈을 꾸었니? 꿈에서 네가 나였다고?"

"전 꿈에서 다른 누군가가 될 때가 많아요. 박사님을 알게 된 것도 그 때문이고요. 그런데 어젯밤에는 언니가 되는 꿈을 꿨어요. 참, 인질범들은 언니한테 어떻게 대해 줬어요?"

"나쁘지 않았어. 그 사람들을 설득해서 헛간이 아니라 탁 트인 하늘 아래서 잘 수도 있었지. 그 사람들이 돌아가면서 감시하기에도 그게 편했나 봐. 나는 그 사람들이 나를 인도적으로 대했다고 법정에서 진술할 거야. 하지만 또다시 겪고 싶은 일은 아니야. 솔직히 무서웠거든. 어려움에 처한 사람들을 돕는 국제기구 자원봉사자를 인질로 잡는 건 받아들일 수 없어. 인질범들의 입장은 이해할 수 있다고 쳐도, 납치 행위는 결코 용납할 수 없지. 그 사람들은 아마 몇 년간 감옥에서 지내야 할 거야."

"인터넷에서 언니 사진을 보고 박사님한테 전화했어요. 아마도 박사님 책상 위에 있던 사진이 무의식중에 떠올랐나 봐요. 인터넷에서 본 사진과 액자 속의 사진이 똑같았거든요."

"그건 엄마 사진인데, 삼십 년 전쯤에 찍은……."

"알아요, 두 분은 정말 소름 끼치게 닮았어요."

두 사람은 한동안 침묵하다가 노라가 다시 입을 열었다.

"박사님과 전 만난 지 얼마 안 되었는데도 금방 좋은 친구가 됐어요. 그 이유가 뭔지 아세요?”

“모르겠는데. 왜일까?”

“박사님은 기후 재앙에 대해 잘 알고 계셨어요. 게다가 심각하게 생각하고 계셨고요. 하지만 그게 다가 아니에요. 저처럼 어린 친구하고도 그런 문제로 진지하게 대화를 나눌 수 있으세요. 정말로 대단하신 거죠.”

“나도 열일곱 살 때 아빠랑 그 문제에 관해 종종 얘기를 나누었어. 물론 그때까지만 해도 아빠는 그렇게 열려 있는 분이 아니셨지. 그래서 내가 교육을 좀 시켰어.”

“예? 딸이 아빠를 교육시켜요?”

“그럼. 딸이라고 아빠를 교육시키지 말라는 법이 있니? 아빠는 내가 어릴 때 돌멩이를 물 위에 통통 튀게 던져서 물수제비 만드는 법을 가르쳐 주셨고, 새들에 관한 이야기도 많이 들려주셨고, 또 버들피리, 나무껍질 배, 꽃반지 만드는 법도 가르쳐 주셨지.”

“좋은 아빠셨네요.”

“그러다 나는 커서 환경 단체에 들어갔고, 집에 올 때마다 아빠한테 기후 이야기를 해 드렸어. 그런 과정이 끊임없이 반복되면서 아빠도 환경 분야에 눈을 뜨신 거지.”

“멋져요! 근데 지금 우리는 어디쯤 와 있는 걸까요?”

"글쎄……, 아직 세상은 이산화 탄소 배출을 줄이려는 노력에 쉽게 합의하지 못하고 있어. 석유가 나는 국가들은 마지막 한 방울까지 죄다 퍼 올릴 생각만 하지, 그냥 남겨둘 생각은 하지 않아. 잘사는 나라들도 자신의 특권을 내려놓을 준비가 되어 있지 않은 건 마찬가지고. 우리가 기후 재앙에 적극적으로 대처하는 시간이 길어질수록 그 대가는 더 혹독해질 거야."

"그런 재앙으로 벌써 상당한 비용을 치르고 있지 않나요?"

"그래, 몇 년 전까지만 해도 우리는 지구의 기후에 나쁜 영향을 주는 첫 세대이면서, 동시에 그 대가는 직접 지불하지 않는 마지막 세대일 거라고 말해 왔어. 하지만 그건 이제 틀린 말이 됐어. 난 기후 재앙을 두 눈으로 목격하고, 가뭄의 재앙을 직접 몸으로 겪었지. 가뭄으로 죽어 가는 아이들을 품에 안고 눈물을 흘리기도 했어. 노라, 진짜로 슬픈 건 우리 스스로 우리 자신을 죽이고 있다는 사실이야."

"공부가 끝나면 저도 저개발국 자원봉사에 나서게 될 것 같아요."

"그럼, 나하고 같이 나갈 수도 있겠네! 다음 주에 노르웨이로 돌아가는데, 혹시 시간 나면 오슬로에 올 수 있니?"

"물론이죠. 하지만 언니가 그 전에 해 주실 일이 있어요."

"어떤 일?"

"요나스라는 제 남자 친구가 있는데……."

"응, 알아. 그 친구 얘기도 들었어."

"앗, 정말요? 너무 나가신 것 같네요."

"누구?"

"박사님 말이에요. 제가 아무리 비밀 엄수의 의무를 해제시켜 드렸다고 해도 남자 친구 얘기까지 하시는 건 좀⋯⋯."

"기분 나쁘게 생각하지 마, 노라. 나쁜 뜻으로 말씀하신 건 아니니까. 그런데 내가 해 줄 일이 있다고 하지 않았니?"

"우리가 가는 것도 좋지만 언니가 이리로 오시는 건 어떨까 싶어서요. 참, 요나스하고 학교에서 환경 단체를 만들었어요. 박사님이 제안하신 일이죠. 언니가 우리 학교에 와서 아프리카에서 겪은 일을 들려주시면 많은 도움이 될 거예요. 강당도 빌리고, 학생들도 많이 모아놓을게요. 지구 온난화의 희생자들에 대한 이야기를 해 주셔도 좋고요. 사진을 보여 주거나 재미있는 일화를 소개해 주셔도 좋아요."

"그래. 기꺼이 갈게, 노라."

"강연 시간은 저녁으로 할게요. 강연이 끝나면 우리 집에서 주무시고요. 우리 아빠 요리 솜씨가 얼마나 대단한지 모르실 거예요. 엄마는 요리를 잘하진 못하시지만, 디저트 솜씨는 나쁘지 않아요."

"꽤 구미가 당기는 제안이네."

"우리 집엔 큰 소파 하나와 각각 다른 무늬를 수놓은 쿠션이 열일곱 개 있는 손님방이 있어요. 거기서 주무시면 돼요."

"무늬가 각각 다른 쿠션이 열일곱 개나 된다고?"

"쿠션 하나하나마다 동화의 장면이 수놓여 있어요. 자세한 내용은 만나서 전부 말씀드릴게요."

"그래, 기대가 되네!"

"아, 아래층에서 달그락거리는 소리가 들려요. 아빠가 곧 케이크를 들고 올라오실 거예요. 나중에 우리 집에 오시면 그동안 있었던 일을 전부 들려 드릴게요. 벌써 그날이 기다려져요. 하지만 지금은 자는 척해야겠어요."

"그런 거라면 당연히 도와줘야지!"

"아니면 아빠한테 언니가 전화해서 생일 축하해 줬다고 이야기할까요?"

"난 괜찮아. 마음대로 해. 내 이야기는 비밀 엄수의 의무 따위가 없으니까."

"그럼, 즐거운 하루 보내세요!"

"너도. 오늘은 노라, 바로 너의 날이니까!"

지금 우리가 나서야 할 때!

이 책에서 노라는 남자 친구인 요나스와 함께 환경 단체를 만들 계획을 세운다. 일단 둘은 환경에 대해 많은 자료와 정보를 수집한다. 그리고 자료와 정보를 공유하며 환경에 관해 부지런히 공부한다. 논의로만 그치지 않고 실천할 수 있는 구체적인 방안을 찾기 위해 깊이 깊이 고민을 하기도 한다.

음, 어린이나 청소년들도 환경 운동에 직접 뛰어들 수 있냐고? 당연히 뛰어들 수 있다. 아니, 오히려 더 적극적으로 뛰어들 필요가 있다. 미래의 지구에서 살아갈 사람은 바로 여러분이기 때문이다.

대표적인 예를 하나 들어 보자. 2007년에 펠릭스와 친구들이 아홉 살의 나이로 시작한 어린이·청소년 환경 단체 '지구에 나무를 심자

(Plant for the Planet)'가 있다. 이 단체는 전 세계로 퍼져 나가 활발한 활동을 펼치고 있다. 펠릭스는 이렇게 말한다.

> 우리 청소년들은 2084년의 세계에서도 살아야 한다.
> 그때의 기후를 위해 지금 우리가 나서야 한다.
> 다 함께 나무를 심자! 1인당 150그루씩!

나무는 지구 온난화에 결정적인 영향을 미치는 이산화 탄소를 흡수해서 몸속에 가두어 두는 유일한 생명체이다. 거주 공간과 농지, 사막 지대를 제외하고도 전 세계에는 1조 그루의 나무를 심을 땅이 아직 남아 있다.

나무 1조 그루는 인간이 배출하는 이산화 탄소 양의 4분의 1을 자기 몸속에 묶어 둘 수 있다. 이 운동이 시작된 지 육 년 만에, 전 세계적으로 벌써 126억 그루의 나무가 새로 심어졌다.

펠릭스와 친구들은 '지구에 나무 심기' 운동이 단기적인 관심에 그치지 않고 앞으로도 지속되기를 희망한다. 그래서 자기들끼리 교육 프로그램을 만들어 '기후 정의(Climate Justice)' 전도사 교육을 실시하고, 어린이와 청소년, 어른들을 대상으로 강연도 한다.

이 단체는 그 어떤 인간과 기업도 후대의 비용으로 이득을 얻어서는 안 된다고 주장한다. 후대의 비용으로 이득을 얻는 것은 선대가 심은 나무를 베기만 하고 새 나무는 심지 않는 사람과 마찬가지니까.

> "모기 한 마리는 코뿔소를 당해 낼 수 없지만, 천 마리가 모이면 코뿔소를 다른 방향으로 돌릴 수 있다."
> 이제 말은 그만하고, 지금 바로 나무를 심자!

이것이 이 단체의 구호이다.

'지구에 나무 심기 운동'에 대해 더 알고 싶거나 참여하고 싶으면 www.plant-for-the-planet.org에서 관련 정보를 얻을 수 있다.

요슈타인 가아더

지구, 2084

첫판 1쇄 펴낸날 2014년 6월 30일
16쇄 펴낸날 2021년 10월 11일
개정판 1쇄 펴낸날 2025년 3월 10일
2쇄 펴낸날 2025년 4월 28일

지은이 요슈타인 가아더 **옮긴이** 박종대
펴낸이 박창희
편집 이은 박은아 **디자인** 배한재
마케팅 박진호 한혜원 **회계** 양여진 김주연

펴낸곳 (주)라임
출판등록 2013년 8월 8일 제2013-000091호
주소 경기도 파주시 심학산로 10, 우편번호 10881
전화 031) 955-9020(주문), 031) 955-9023(마케팅)
031) 955-9021(편집)
팩스 031) 955-9022
이메일 lime@limebook.co.kr **인스타그램** @lime_pub
홈페이지 www.prunsoop.co.kr **제조국** 대한민국

ⓒ 라임, 2014, 2025
ISBN 979-11-94028-37-6 44300
979-11-951893-8-0 (세트)